明 清

中国文化探秘

从繁盛到颓靡

田兆元 主编

王丹 郝光荣 著

少年儿童出版社

　　人类还在动物时代的时候，除了本能的遗传，不会有文化的记忆。而自从语言产生，文字发明以后，人类的创造就不再是清风流云，消失得无踪无影，文明随着口头传述和文字记载累积起来，并以一种加速度发展的态势，使人类奔驰在发展的康庄大道上。因此，人类的求知欲望日益强烈，求知的能力不断提升，知识的积累不断地改变人类自身。

　　人类的知识积累，是从对于自然和人生的神秘属性的探寻开始的，自生物体的生存之道到生存的意义价值，人们对于自我与世界神秘的探索一步一步把人类带入文明之境。

　　人的生存，需要吃喝与穿住，但人类自身不能提供这些，要仰赖自然赏赐。自然尽管提供了丰富的资源，却要通过人类的劳动才能获得。土地怎么能够长出养育人类的果实来呢？这样的神奇催生了人类思维的发展。简单的形体劳动只能造成动物世界的简单的世代循环，而创造性的思维及其劳动，则成为人类进步的彩色双翼。渔猎采集方式的生存，尚是动物化的生存，农业则是人类高尚的创造性活动，人工栽培、养护、收获，哪一样不是在对于自然的神奇的观察探讨中获得的灵感而用于人自身生存的劳动呢？农业的栽培，需要对于自然气候的掌握，在看似凌乱日复一日的时间中，找出其运行规律，于是就有了历法，自然的盛衰荣枯之理，生产的春生夏长、秋收冬藏的规律就被发现出来了。农业不断发展，人类的生存能力于是大大提高。

　　人类迈进文明的门槛，更源于对人自身的神秘的思考。如果人仅仅是通过创造性生产获得更多的资源，而没有人文精神的增进，这样一群没有理性的生物体，不仅不是世界的福音，还可能是世界的灾难。如果不能控制调节本能，不能建立规则，人类将是悲剧性的存在，将会陷入相互残杀的灾难境地。一位伟人的词这样描述丧失人性的苦难："人世难逢开口笑，上疆场彼此弯弓月，流遍了，郊原血！"

如果没有人文，世界将是多么的悲惨！于是，我们发现，关于人与人性的思考才是人成为"人"的前提。关于季节的观察发现，会与人类社会生活联系起来，自然的荣枯与社会的兴衰可以关联起来，与人的生命可以关联起来，这样就是天人合一。人类也从动物世界选择学习了一些良性的规则，如猛虎不食子、乌有反哺之义，从中人们体悟出慈爱与孝敬的道理，形成了社会的伦理。中国古代的哲人把天文与人文奇妙地结合起来了，天理与人欲于是处在一个和谐的状态，带来人世间的和谐与宁静，人文让世界变得美好起来。

我从哪里来？我到哪里去？我是谁？这些在今天的哲学家看来都还需要不断解说的论题，人类在诞生之初就开始思考了，并留下了丰富的充满幻想的关于人类由来的解释，也留下了充满理性的关于人性的思辨，我们不仅知道有女娲造人的故事，我们更知道人之初性本善。我们认为天道也是至善的，天人合一，人性就自然是至善的了。人性如何展开是自己描绘的，无论是人不为己天诛地灭的极端自私的表述，还是大公无私普度众生的崇高理念，让精神左右自己的方向，而不是凭着欲望的驱使，这就是人！

当中华民族走过了五千年世界上唯一不曾间断的文明历程，我们发现，人们对于"我是谁"的问题已经不仅仅是对天发问，而更多的是从前人走过的足迹中寻找依据，也就是说，历史是现实之师。并不是每个民族都有这样的智慧资源，只有中华民族在过去的岁月里才会留下浩如烟海的珍贵文献和口头传说。而当我们在享受这份巨大的文化资源的时候，却时时会陷入迷惘，古人给我们留下了太多的不解的谜题。一般说来，丰富的历史资源会留下清晰的过去岁月的图像，但事实恰恰相反，文化资源越是丰富，其谜题就会越多。就像浅浅的水流平淡无奇，而浩瀚的大海宝藏无限一样，中国文化中的无尽奥秘正是其博大精深的体现。或者因为文献有缺，事件不能连贯；或者叙述多样，表述不一，让人无所适从；或者时过境迁，往日的平常之举今日已不可思议；更有珍贵遗产的无奈失落，令人满眼迷茫……文化的迷宫让人流连忘返！

文化神秘如今已成为一种娱乐资源。但是，本丛书却不仅仅是提供给大家开心一笑的。丛书的文字是通俗优美的，内容也是新奇迷人的，但我们不是为了猎奇。我们是通过对历史谜题的解读，思考人生的意义，思考社会的功能，思考人与自然应该处于何种关系状态。古人其实很早就在这样做，如屈原就是一个文化探秘者，他在《天问》里这样说："遂古之初，谁传道之？上下未形，何由考之？"这就是两个最大的谜，关于最初的宇宙形态是谁传下来的？宇宙是一片混沌的话，怎么能够考察得到呢？这是关于宇宙奥秘的问题。还有关于人生由来的困惑的问题，如："女娲有体，孰匠制之？"中国的神话说，人是女娲造出来的，那女娲的身体又是谁造出来的呢？屈原的这个问题，我们至今还回答不完善。探秘不就是探究宇宙人生的重大问题吗？岂会仅仅是猎奇？对文化的神秘性的探寻是一条漫漫长路，永远地不停息地行走在这条充满艰辛而又愉快的道路上，这就是人类的本性，也就是人类崇高而又伟大的精神！

我们寻找失落的玄珠，我们想揭开千古的谜底，其实是想和读者朋友一起反思人生的价值，话题是严肃的，但我们的表述是轻松的，因为我们想和大家一起享受人生的趣味。苦思冥想不会产生思想的巨人，也不会理解人生的意义，相反会背上沉重的负担，丧失生存的乐趣。当我们感到文化的历史是深邃和奇妙的时候，就会产生探索的欲望，我们的境界就会产生新的飞跃。

我们绝不愿意大家在历史的迷宫里不能自拔，而是希望把神奇的历史事件当做一个个突然落下的苹果，触动人们的灵感，开出新的精神之花……

目　录

帝　王　枭　雄

贫民皇帝朱元璋……………………………………… 002

朱元璋屠杀功臣之谜………………………………… 005

做皇帝梦的李自成…………………………………… 009

用十三副铠甲缔造一个新帝国……………………… 013

康乾盛世的迷雾……………………………………… 018

乾隆为什么六下江南………………………………… 022

传　奇　人　物

一代"财神"沈万三…………………………………… 028

千古一贤马皇后……………………………………… 031

唐伯虎的那些事儿…………………………………… 034

放眼世界的科学家徐光启…………………………… 038

奥运火凤凰背后的故事……………………………… 042

苦瓜和尚石涛的故事………………………………… 046

标新领异郑板桥……………………………………… 050

纪晓岚的智慧………………………………………… 055

疾 风 劲 草

郑和为什么要下西洋……………………………………060

太监是如何干政的…………………………………………065

朝廷为什么忌讳白莲教……………………………………068

最冤的牢狱——清朝文字狱………………………………071

中国热兵器落后之谜………………………………………075

长城,帝国的童话…………………………………………080

文 明 碎 片

古人也讲依法治国吗………………………………………086

《本草纲目》是本什么样的书 ……………………………091

古人是怎样预防天花的……………………………………096

工艺百科全书《天工开物》………………………………100

明清小说兴盛之谜…………………………………104

学问还是无奈………………………………109

"三寸金莲"为什么在清朝最为盛行…………112

考 古 发 现

明清文明的活化石——平遥古城 …………………… 118

明孝陵和地宫的秘密 …………………………………… 122

中国钟王 ………………………………………………… 125

我国现存最古老的藏书楼 ……………………………… 130

"万园之园"圆明园 …………………………………… 134

魅 力 国 粹

神奇的景泰蓝 …………………………………………… 142

白娘子和许仙的故事 …………………………………… 146

国酒茅台的故事 ………………………………………… 150

满汉全席与清代盛宴 …………………………………… 155

国粹京剧的前世今生 …………………………………… 159

旗袍情结 ………………………………………………… 164

中国文化探秘

帝王枭雄

明 清

贫民皇帝朱元璋

朱元璋

1328 年农历九月十八，在濠州钟离乡（今安徽凤阳县东）的一户普通人家，一个新生儿呱呱坠地。这个新生儿的第一声啼哭与别的孩子并没有什么差别，但他的一生却给世间带来了很多变化。他就是推翻元朝、建立了大明王朝的开国皇帝朱元璋。

朱元璋是家里的第四个儿子，乳名重八，所以，又叫朱重八。朱元璋出生的时代正处于元朝统治最黑暗的时期。蒙古人建立的元朝政府对百姓敲诈勒索，老百姓都生活在水深火热之中。虽然幼年的朱元璋聪明伶俐，深得父母的喜爱，但年少的他为了生计还是要替东家放牛，时不时地还要忍饥挨饿。因此，朱元璋的童年并没有多少快乐的记忆。

1344年，淮北大旱，庄稼收成很少。不料祸不单行，瘟疫也开始流行起来，许多人病倒，接着死去，朱元璋家也没能幸免，他的父亲、母亲和大哥都先后病逝。朱家不仅无钱置办丧事，甚至连埋葬死者的地方都没有。最后，还是在邻居的帮助下，朱元璋和他二哥才草草埋葬了亲人。从此，一家人各奔东西，寻找生计。这一年，朱元璋16岁。

朱元璋四处谋生，却往往无功而返，最后只好去家附近的皇觉寺做了和尚。但朱元璋在皇觉寺相对安定的生活仅仅过了五十多天就结束了。由于灾情严重，寺里几乎收不到租子，香火又很清淡，眼看着寺里的存粮越来越少，寺院住持只好打发众和尚四处云游，自找出路。跟别的和尚一样，朱元璋开始行走四方，靠化缘乞讨为生。他拿着破旧的钵子，敲着木鱼，挨家乞讨，这样的生活持续了四年。在这段时间里，他锻炼了意志，增强了体魄，对未来的生活却没有什么打算。

哪里有压迫，哪里就有反抗，由于忍受不了元朝政府的压榨，元末农民起义此起彼伏，由韩山童、刘福通等领导的"红巾军"在黄河工地起义，各地纷纷响应。安徽的郭子兴也聚众起义，他们很快就占领了濠州。经过四年的云游，朱元璋也在这个时候回到了皇觉寺。当时的他觉得这种做一天和尚撞一天钟的生活总比四处乞讨化缘好得多，显然没想过要去参加起义军。然而，树欲静而风不止，就在朱元璋打算定下心来过暮鼓晨钟的生活时，他收到了一封来自濠州城的书信。这封信是他的好友汤和捎来的。汤和很早就带了十几个人参加了郭子兴的起义军，现在已经被提升为千户了。在信中，汤和极力劝说朱元璋迅速从军，共成大业。朱元璋没有拿定主意，就赶紧把信烧了。他以为烧毁信件就没事了，可没过多久，一个师兄跑来告诉他说，他收到濠州来信的事被人告发了，劝他赶紧逃走。听到消息的朱元璋非常着急，可是该往哪里去呢？还是他儿

中国古代兵器"火箭"与"神火飞鸦"

明清

时的好朋友周德兴给他出了一个主意，让他向庙里的菩萨问个卦。朱元璋听从了他的建议，但问远行和留驻，卦辞都说不吉利。他突然想起汤和的来信，不禁犯起疑问："难道要举大事吗?"心里想着，随手抽了一签，竟然是上上签!于是，朱元璋认定参加起义军是上天的安排，便走出皇觉寺，直奔濠州而去，参加了郭子兴的起义军。这一年，他25岁。

朱元璋精明强干、有勇有谋，而且每战必胜，郭子兴非常欣赏他，并逐渐委以重任。很快，朱元璋就成为军中统兵一方的大将。1355年，郭子兴病死，朱元璋掌握了这支军队的实际领导权。1356年农历三月，朱元璋率军攻占集庆（今江苏南京），并将集庆改名为应天（顺应天命之意），从而建立了以应天为中心的根据地。接下来，他通过鄱阳湖大战，大败陈友谅，随后又攻占东吴，俘虏了张士诚。1367年，朱元璋发动了消灭元朝统治者的北伐战争。他派征房大将军徐达、副将军常遇春率领25万大军进行北伐，北伐军所到之处，元军闻风而逃。在战局已定的情况下，1368年正月初四（1月23日），朱元璋在奉天殿接受百官朝贺，正式做了皇帝。至此，朱元璋完成了从一无所有的贫民到皇帝的转变。

也许是出身贫寒，早年历尽坎坷，又在众多战斗中积累下丰富统治经验的缘故吧，朱元璋一生勤于政事，事必躬亲，是我国封建社会中为数不多的杰出君主之一。

朱元璋屠杀功臣之谜

明官服

  <big>**在**</big>元末风起云涌的农民起义队伍里，朱元璋从一名小卒干起，凭借个人的敏锐判断和待人处事能力，取代了自己昔日的领导，团结了一大批愿意追随他的文臣武将。他"广积粮，缓称王"，以猎人的耐心，鹰的锐利，如同狙击手般，一个一个地干掉与自己争抢地盘的对手，直至把最后一个强敌——元朝统治者赶到远离中原的北方，从而建立了大明政权。

  从逃荒要饭出家，到拥有全国地盘，朱元璋没有在这种大好形势下得意忘形，而是时刻做到居安思危。他知道自己不能再走元朝贪贿盛行，纵官作威作福，逼得百姓起来造反的老路。因而他为政的第一要义，就是轻徭薄役，严令官员不得有事没事去招惹麻烦百姓。他还给全国的官员制订了很低的薪酬标准，切实减轻农民负担。明朝很快就有了中兴迹象。

  可是，他手下一批曾帮他争抢天下的臣子不高兴了。他们奋不顾身，跟着朱元璋打天下，不就是为了当官发财吗？虽说朱元璋开国之后也比较公平地论功行赏，功臣们的日子都还过得去，可是他们岂能就此知足？

  朱元璋能坐上皇帝的宝座，绝对不是光靠运气。他自

带钩

己带出来的这班人马，哪个的心思他不知道？要是没有制约他们的办法，恐怕坐在龙椅上的人早就不是他了。为了防止这帮功臣恃功忘形，他完善了言官制度（监察制度），由那些读圣贤书认死理的人担任言官（御史和六部给事中），让自己的制度政策都符合圣贤规范并神圣化。他给言官极高的权力，他们甚至能将皇帝不妥当的敕令退回要求更正！但他们的官位却很低——七品或者从七品。这样，威风的言官就不可能有势力来为自己谋福利。而功臣们虽有势力，要想胡来却得先过言官这一关。而且朱元璋为了落实这一制度，亲为表率，曾向劝阻自己在内宫享用女乐的最低级别的御史周观正道歉！如此一来，官员们就不得不对皇帝俯首帖耳了。

然而时间一长，大臣中还是有人熬不住了。他们不敢和皇帝比风光，却不等于不想在同僚和下属面前显神气。一些权贵开始和言官勾结在一起，结党营私，欺上瞒下，贪污腐败。天长日久，以李善长（明朝开国第一功臣，他的儿子娶了朱元璋的女儿）为首的淮西派和以刘基（起义时的军师）为首的浙东派渐渐形成。这两大派别常常对掐，在皇帝面前相互诋毁，搞得朱元璋的耳朵里老是充斥着谁在纵容包庇奴仆亲信了，谁在压榨百姓了，谁又在非议朝政了……

可朱元璋的思维很清晰：天下是朱家的，大臣们好比是帮皇家收租的，百姓则是干活交租的；收租的都有机会揩油，比当百姓强；臣子们要有些手段，不然租子就没有人愿意交；臣子们的手段又不能过强，过强了会对皇权构成威胁。皇帝不怕没有人来收租，就怕没有人交得起租。因此，对百姓是要仁慈一点的，对官员则可以狠一点。百姓的生活好了，交租的积极性才会高。对官员太好了，他们就会忘了自己姓甚名谁，难保不欺上瞒下，鲸吞皇家的名利；难保不欺压百姓，弄得民不聊生。

所以，朱元璋最担心最痛恨的，就是官员结党营私，欺上瞒下，贪污腐败，耀武扬威。因为，这些都是有可能动摇朱家绝对权威，动摇朱家江山根基的。也因为这点，他容忍了浙东派与淮西派的对掐（让他们相互牵制），却不能容忍淮西一派权贵功臣坐大，在淮西派挤垮浙东派忘形嚣张时，朱元璋早已下定了打击他们的决心，并找准了一条罪名：谋反！

"谋反"就是脑袋的交易，直接关乎生死，没有讲人情讨价还价的余地。而且谋反牵连必广，定罪却只需要凭皇帝一人的判断。这样的罪名完全符合朱元璋的心意。

洪武十三年（1380年），朱元璋在掌握了权贵们大量胡作非为的事实后，突然宣布丞相胡惟庸妄图谋反，将他赐死，并且把和胡氏关系密切的淮西权贵一个个网罗进去，抄家夷族。整个胡惟庸案历时十年，先后诛杀了一万余人，其中包括朝中最有权力的22名淮西贵族，他们都是公侯一级，其中包括朱元璋的儿女亲家李善长。

官员们怕麻烦，带着盖过印信的空白文册上京城，以便瞒过皇帝及时修改做错的账目，被朱元璋发现后将全国涉案的主印官员全部杀掉。

户部侍郎郭桓贪污案爆发后，凡有所牵连涉及的，无论多大的官员，全部杀光抄家，共计牵连三万余人。

彻底扫除北元残余势力的大将蓝玉骄纵不法后，又被安上谋反罪，牵连两万余人丧命，且多为武将。

上述这些就是明初著名的"洪武四大案"，朱元璋利用它们把朝中最有势力的文武大臣基本都杀光了，哪怕其中不乏冤死鬼。但这一切对朱元璋来说都在其计划之中：天下是他的，他只是在清理自家门户，旁人何须多言？能干的大臣多了，难保他们不生异心。这帮功臣，除了他本人，其他人恐怕很难驾驭，要是他们再造一次反，那大明的天下恐怕又得易主。朱元璋是一个思虑缜密的人，何况皇太子早亡，新定的皇位继承人朱允炆年幼，他所做的一切还得为子孙后代的江山稳固着想呢。

　　虽然朱元璋在开国伊始就诛杀了那么多建国功臣，看似不近人情，但明朝的基业得以维系三百年，不能不说和朱元璋在洪武时代就为后世扫清障碍有关。屠戮功臣归根到底还是政治斗争的残酷后果吧。

做皇帝梦的李自成

明末农民起义领袖李自成可算当时的一个传奇人物，他率军攻入北京城，逼得明朝最后一位皇帝崇祯自杀，自己做了42天皇帝，最后在清兵入关和吴三桂进袭的双重剿杀下以失败告终。

有人说，皇帝是真命天子，人中龙凤，李自成没有坐稳皇位，是因为陕西三边总督汪乔年刨了他家祖坟，断了他的龙脉，并以在坟墓中捉到的一条小蛇言之凿凿：假以时日，等这条蛇化为龙了，大明的江山才能姓李；现在还只是一条蛇就被杀死，所以李自成只有几十天的皇帝运。

如此荒诞不经的说法，我们今天的人当然不会相信，但是古人中却有为数不少的人信这个；不仅相信，而且很多起事者还借助这一招来号令天下。比如，陈胜吴广起义时就曾派人学狐狸叫"大楚兴，陈胜王"；而明朝的缔造者朱元璋最初投靠和借助的红巾军，起事时也是派人凿了一个独眼石人埋在黄河故道，上面刻

崇祯帝

李自成墓碑文

着"莫道石人一只眼,此物一出天下反"。

李自成也不例外,他手下有个叫牛金星的谋臣,就曾经为他推荐过一个算命先生,即身高只有一米多点的侏儒宋献策。此人一到,就给当时陷于逆境的闯王李自成送上一张预言的字条:"十八子,主神器。"因为"李"字拆开为"十八子","神器"只有君王才拥有,宋献策的这张字条其实暗含了李自成要当皇帝的意思。李自成自然十分高兴,而他的部将则将这一幕大肆渲染,广为传播。一时间,在潼关战败后又被困在奉节大山中差点自尽的李自成,竟然一下子就又在当地(河南)招募到了数万人。

李自成的起义占尽了天时。明末政权早已积弊如山,百孔千疮,风雨飘摇。崇祯即位当年陕西干旱,政府赈灾不力,有限的赈灾钱粮还不够官员贪污,以致民变四起。朝廷外有女真人努尔哈赤虎视眈眈,侵扰不断,内有官员结党窝里斗,各打各的小算盘。崇祯皇帝常常为如何用人忙得团团转,也处处捉襟见肘。朝廷能派出去剿抚农民起义的官员更是微乎其微,以至于到最后越剿起义军越多。到崇祯八年(1635年),起义军已发展到十三家七十二营,李自成也从一个投靠舅舅高迎祥加入起义部队的小驿卒,发展成为起义军首领之一。而崇祯十三年(1640年)的河南则再次给李自成送上了礼物。

这年河南大旱,饥民遍野,这是天赐给李自成的军队;河南杞县(一说博爱县)举人李信(后改名李岩,因拿出自家钱粮赈济灾民,获得了极高的名声),加上前面提到的河南卢氏县举人牛金星,一起投靠了他,这是天赐的人才。牛金星的功劳上面已说过,而李信本身的名声就是号召力,何况还有他夫人红娘子的起义军。而且,李信还唯恐拥护起义的人数不够多,亲自把"均田免赋"的政治口号编成歌谣到处传唱:"杀牛羊,备酒浆,开了城门迎闯王,闯王来时不纳粮。"这一下,深受官府赋税之苦的农民,无不欢呼雀跃。同时,李信又劝说一贯打砸抢烧的李自成:"取天下以人心为本,请勿杀人,收天下心。"

这样，天时、人和齐了，此时的起义军几乎无处不能立足，地利就不在话下了。

起义军起初正面与官府正规军作战，总是败多胜少。他们只能四处流窜，专门找那些容易对付、正规军少、战斗力弱的地方开战，其实也就是抢劫。抢完了就跑到大山深处躲起来，吃完了再抢。"在战争中学习战争"，等到仗打多了，势力壮大了，谋臣武将齐备了，李自成的雄心就起来了：何不收拾大明这个烂摊子，自己来做皇帝？

此前的李自成，只是一个放羊娃出身的驿卒。他爱打架，不怕犯法，有一次事情闹大了，官府要抓他杀头，他逃跑后做了一个屠夫。大旱之后因没有牲口可供他宰杀，他这才投靠舅舅一起起义。李自成在起义军中靠杀戮成就了威名，在万事齐备之后，他便开始考虑建立根据地，谋夺天下。起义军在攻下荆州、襄阳后，李自成第一次委任官吏，派人把守城池；至于进攻谋略，他也开始与谋臣共同商议；为了建立一个稳固的根据地，他还正确地将大本营选在了老家陕西。而后，他就率兵平定了陕西三边，直接剑指北京！

他在攻到北京城下时，还想和崇祯谈判，表示他只想在西安做他的"大顺"皇帝，只要崇祯给他一个名分和一点军费即可，并开出诱人条件："既受封，愿为朝廷内遏群寇，尤能以劲兵助剿辽藩。但不奉诏与觐耳。"但谈判破裂，于是他干脆推翻明朝，自己当了42天的国君。

李自成一生不好酒色，吃粗粮，能与部下同甘苦。只有一样他不能容忍——有人威胁他的权力、地位。他的

明 清

李自成的鎏金皇冠

011

盟友罗汝才在实力上与他旗鼓相当时，被他杀了；关键时刻成就他的李信威望起来时，也被他杀了，而且连同李信"请勿杀人，收天下心"的建议一并废除；甚至身边与他一起浴血奋战、为他出谋划策的大臣，稍有触犯就开杀戒。他的这一致命伤为身边量小妒贤的亲信牛金星所利用，以致最后他麾下几乎没有可辅助大业、安定天下的人才。待吴三桂和清军联合杀到，他只有节节败退。

没有知人之明，没有容人之量，没有驭人之才，没有怀人之德，没有安人之略，一味穷兵黩武，嗜杀逞强，这就是李自成皇帝梦早早破灭的原因，哪里还需要等到清朝大军来将他剿灭。

用十三副铠甲缔造一个新帝国

用十三副铠甲缔造一个新帝国，如果不是"纯属虚构"，那是不是太具有传奇色彩了？

但历史往往以看似奇迹的方式，给后人留下津津乐道的谈资。这个奇迹还真的发生了，它的创造者就是清王朝的缔造人，后世称之为清太祖的爱新觉罗·努尔哈赤。

明嘉靖三十八年（1559年），努尔哈赤出生在赫图阿拉（今辽宁省新宾县境内）建州左卫一个小部落酋长的家里（努尔哈赤的出生地类似今天的乡镇）。据说努尔哈赤的祖先生下来就会说话，见风就长——几乎和秦始皇的出生记录一模一样。当然，与之类似的是，几乎所有的皇帝出生，在后人的记述中都有"异兆"。但努尔哈赤的出生却很平常，他出生时他们家族实在算不上有什么名望，因此也就和一般的女真人一样，请村子里的接生婆来接生，很多人都知道当时的具体情况，所以也就不便编造"异兆"。

努尔哈赤10岁丧母，19岁分得一点家产单独过活，24岁，开始了他"家传十三副铠甲起兵"的发家史。

万历十一年（1583年），辽东总兵李成梁率大军出击王

努尔哈赤

明

清

正黄旗　　镶黄旗　　正白旗　　镶白旗

呆（觉昌安的亲家）之子阿台，努尔哈赤的祖父觉昌安、父亲塔克世为明军做向导，却在战乱中被明军误杀。努尔哈赤不敢怨恨大明军队，尤其是大将军李成梁，就把家族血仇记到了建州左卫图伦城主尼堪外兰身上，说他想要谋取自己父亲的职位，唆使明军杀害了父亲和祖父。但他同时还是派人向李成梁讨要公道。李成梁很是过意不去，就打报告让努尔哈赤袭任其祖建州左卫指挥使一职。

从此，努尔哈赤高举大明建州左卫指挥使的大旗和为祖父、父亲复仇的利剑，日渐展露锋芒。很长一段时间里，在频繁的战争、结盟、背叛，再战争、再结盟、再背叛中，他逐个击败了其他女真部落，却始终不与明军为敌，甚至向明朝政府报告自己"学好"的表现，极尽讨好之能事，终将女真人统一到了他一家一姓之下。

就凭建州左卫共计十三副铠甲的军事装备，仅靠几十条人马起家，到逐渐统一各个女真部落，努尔哈赤个人的才能确实是有过人之处的。他英勇善战，每次上阵总是冲锋在前，因此在尚武的女真人中拥有了崇高的威望。同时他还重用贤人，厚待功臣，招揽了许多机智忠诚、武艺超群的有才之士。

正红旗　镶红旗　正蓝旗　镶蓝旗

八旗盔甲图

一次攻城，他身中两箭，其中一箭伤及颈静脉，血流如注，几致昏迷。后来，该城被攻下后，那两名射伤努尔哈赤的壮士被俘，众人准备让他们受乱箭穿胸之苦。努尔哈赤却说："这么勇敢的壮士，就算战死沙场都很可惜，怎么可以因为伤过我而被杀？"然后，亲手为他们解开绑绳，摆酒压惊，还授以官职。两人与众将都对努尔哈赤佩服得五体投地，从此死心塌地地跟随他打天下。

努尔哈赤有几条用人原则：不论亲疏门第，任用贤人；不拘一格，用其所长；功必赏，过必罚，奖惩分明。在这种合理的管理机制下，他所统率的女真部落实力日强，军威大振。

最难能可贵的是，努尔哈赤崇尚武力却并不完全用武力来解决问题，他"恩威并行，顺者以德服，逆者以兵临"。一方面实行血腥屠城的军事威慑，一方面收编投降的部落民众为旗人，原头领授予官职，可以继续统领原属下，保留其原有财产不动。对于主动来投奔他的部落和民众，给予更加优厚的奖赏。这种恐吓与拉拢并行的策略，为他争取到了许多前来归顺的部落。

另外，当时的女真部族各自为政，明朝政府对其采用分化瓦解的策略，

明清

抑强扶弱，所以女真人中具有军事谋略的实在太少，这也成为努尔哈赤仅凭最初的十三副铠甲就能取得最后成功的原因之一。

而对于大东北区域里的另外一个邻居——明朝军队重点防范的蒙古残余部落，努尔哈赤则尽量交好，一般不轻易动手。偶尔他配合明军的军事行动袭击一下蒙古人，也是为了剪除自己的对手和讨好明朝政府。

就这样，努尔哈赤足足花了三十多年的时间，终于从小到大、从弱到强，将我国大东北地区除辽东明军防区和女真叶赫一部之外的地方，全部收入自己的麾下。他所控制的区域，包括了今天远东西伯利亚的大片土地。

也许有人会困惑，驻守辽东的李成梁，怎么会放任努尔哈赤逐渐吞并整个东北少数民族聚居地？难道他糊涂到不懂得养虎为患的道理吗？

其实李成梁是明朝优秀的将领，不会不明此理，但在清人所编的《明史》等一些正史史料中都找不到他纵容努尔哈赤的原因，所以只能借助其他一些记载和野史传闻来推测了。有一点可以肯定，李成梁和努尔哈赤之间有某种极其特别的关系。有传说，努尔哈赤年轻时曾做过李成梁的侍卫，深得李成梁厚爱，其军事作战技术与李成梁如出一辙；还有人说，李成梁是借努尔哈赤之手消除辽东边患，向朝廷邀功；更有人说，努尔哈赤一直贿赂李成梁，他们还是姻亲……这些都还有待考证，不过以下事实却可以说明努尔哈赤的壮大，确实是明朝政府和李成梁放任、帮助的结果，甚至可以说，是大明王朝自己拱手将东北的大片领土送给了努尔哈赤——

李成梁在第一次离开辽东总兵任之前，帮助努尔哈赤获得了明朝政府册封的建州左卫都督佥事一职；1595年，正值抗倭援朝战争打得难解难分之际，努尔哈赤因抢地盘兼并其他部落而获得"为帝国保卫边疆的功勋"，被封为大明帝国"龙虎将军"（正二品，据说历史上只有少数几个女真人得到过这样的荣耀），并享受中央政府每年八百两白银、十五匹绸缎的特殊津贴；李成梁也屡屡因军功受赏升迁，位极人臣；当时明朝上下党争激烈，贪腐盛行,很少有人关心辽东局势;弹劾李成梁养敌邀功的折子,也被懒于理政的皇帝搁在一边,置之不理……

似乎是要证明与李成梁"非同寻常"的关系,努尔哈赤在李成梁生前始终"安分守己",可李成梁死后仅一年,万历四十四年(1616年)除夕,57岁的努尔哈赤就在老家赫图阿拉举行了开国登基大典,定国号为后金,建元天命。一个辖地数千里、臣民数十万的强大的后金国,出现在中国的东北地区,为大清近三百年的帝国历史奠定了基业。

"以韬光养晦示朝廷,以衔枚疾走创业绩"的努尔哈赤,终于在磨好刀后,准备宰杀大明肥猪了。1618年4月13日,努尔哈赤以所谓的"七大恨"呈告皇天,声讨明朝之过,发兵征明,开辟了清王朝登上历史舞台的道路。

千疮百孔、积弊如山的大明王朝,终于成就了一个用十三副铠甲缔造一个帝国的神话传奇,让努尔哈赤这个白山黑水间成长起来的优秀统帅,成就了一番时势造英雄的伟业。

明

清

康乾盛世的迷雾

关于康乾时代是否为"盛世"，一直存在争议。很多西方学者认为，康乾是黑暗时代而非黄金时代。其实，是不是盛世，关键在于人们心目中盛世的标准。

康熙时期，朝廷统一台湾，平定三藩之乱，抗击沙俄侵略，建立了统一的多民族国家；人口从1亿增至3亿多；疆域西跨葱岭，西北到巴尔喀什湖，北接西伯利亚，东北达外兴安岭及库页岛，东临太平洋，东南至台湾岛及其附属岛，南到曾母暗沙，总面积达到1300多万平方千米，是当时世界疆域最辽阔、人口最多的国家。学者王鸣盛曾说"文轨齐于要荒，声教讫于幽遐"，即是对这种繁盛景象的歌颂，意思是"边远地区也有了统一的文明教化"。不过，为了实现这一切，必须依靠庞大的军队和频繁的战争，国家为此也付出了沉重的代价，到康熙去世时整个国库只剩下800万两白银。

尽管如此，康乾时期仍绝对是爱新觉罗家族的盛世。这个家族经过这三朝百余年的经营，完成了众多宏伟工程：开发万寿山（乾隆为向其母祝寿，改瓮山为万寿山）、香山和玉泉山。依山分别建起清漪园（颐和园）、静宜园、静明园，玉泉山下还兴建了集居家住所、办公大楼、中外风光建筑集锦、皇家游乐场、皇家博物馆等于一身的圆明园，皇太后的别墅畅春园。康熙二十年（1681年），皇家在距北京350多千米的蒙古草原建起了"木兰围场"。每年秋季，皇帝都会带领王公大臣、八旗军队、后宫妃嫔、皇族子孙数万人来此行围狩猎。为了解决皇帝沿途的吃住问题，在北京至木兰围场之间，又相继修建了21座行宫，承德避暑山庄就是其中之一。这一山庄自康熙四十二年（1703年）动工兴建，至乾隆五十七年（1792年）方告竣工，历时89年。从修建之初到清末，一直是皇帝的夏季行宫，到现在仍为世界著名的避暑胜地。这些工程都不只是一般的大，其豪华富贵，仅一个圆明园，就让凡是见过它的外国人无不惊讶得掉眼珠子，说当时全欧洲的财富加起来也最多这么个样子。若不是国力空前强盛，想象力、创造力空前丰富，怎么能在康乾时期诞生这么多雄奇建筑和园林，并让它们呈现出匪夷所思的美学价值？

1792年，正值乾隆皇帝83岁寿辰，英使马戛尔尼率团访华。为了给中国伟大的乾隆皇帝留下个好印象，英国人精心挑选了给他的礼物，这些礼物也尽显欧洲科技的骄傲：军舰模型、天体运行仪、玻璃灯、地球仪、赫歇耳望远镜、秒表、帕克透镜、火炮、连发枪、步枪、特种钢制造的利剑……而乾隆只做了一件事，就让骄傲的英国人遭到了打击：请马戛尔尼游圆明园，后又路过雄伟壮丽的长城，来到"人间天堂"承德避暑山庄，因为寿辰庆典和接受各国"朝贺"将在这里举行。一路上马戛尔尼很是震惊，在日记中

明 清

这样描述他所看到的东西:"……有各种各样的欧洲玩具;有做工极其精细的地球仪、太阳系仪、钟表和音乐自鸣钟,我不禁惶惑了,我们的礼物也许会相形见绌。"其实,马戛尔尼看到的这些都是早先葡萄牙、荷兰、梵蒂冈"贡献"的,乾隆把它们用在"万国来朝"的盛大场面上,只为挫一下英夷的威风。在风光无限的乾隆面前,马戛尔尼想找回英国人的尊严,只能很热情地邀请大将军福康安观摩英国士兵的枪炮操练,结果却遭到了福康安"看亦可,不看亦可"的傲慢拒绝。

不过,除了见识到大清王朝的骄傲自大与恢弘气象,马戛尔尼使团在沿途也看到了"遍地都是惊人的贫困……人们衣衫褴褛甚至裸体……我们扔掉的垃圾都被人抢着吃"的情形。

这是怎么回事?盛世怎会有这般凄惨景象?翻阅清人编写的《清史稿·灾异志》就会发现,仅康乾时期的饥荒就达数百起之多,全国大范围饥馑也有几十起,甚至到"人相食,死者枕藉"的程度。而乾隆时代的一个著名官员和珅家里有多少财产呢?清末外交家薛福成的《庸庵全集》里,有一篇《查抄和珅家产清单》,其中记述道:房屋3000间,田地8000顷,银铺42处,当铺75处,赤金(纯金)60000两,大金元宝(1000两一个)100个,小银元宝(100两一个)56600个,金锭(10两一个)900万个,银锭900万个,洋钱58000元,制钱150万文,铜钱150万文。其余如人参、玉如意、珍珠、红蓝宝石、金银碗、珊瑚树、纱缎绸罗、狐皮貂皮、名贵器物等,不计其数。据说,查抄所得估价达11亿两白银!

清朝每年的国库收入约7000万两,11亿两,什么概念?超过15年的清朝国库收入!和珅当权25年不到,15年的国库收入都到了他家。民间谚语说"和珅跌倒,嘉庆吃饱",所言不虚。虽然乾隆朝后期国库里饿得死老鼠,全国饥荒饿死百姓千百万,但不能说此朝经济实力不足,只是当时的钱财都流入了"蛀虫"和珅的家里。

总之,康乾时期,成功解决了多民族和平相处问题,疆域空前广大;留下了无数可供后人想象和瞻仰甚至还能继续使用的"中华文明的象征"和遗迹；有"万国来朝"、"满汉全席"之类的中国特色盛举；有"滋生人丁永不加赋"后人口的急剧膨胀；有激化民族、阶级矛盾的"圈地运动"的废止；有令人发指的"沿海迁界"的闭关锁国；有在雍正升级文字狱后学术文化的凋敝，却又有"八股文"的繁荣，训诂考据之类的学术成果；有乾隆六下江南的传奇，和珅之流的巨贪；也有饥馑四起，"人相食，死者枕藉"的惨状……

所以说，"康乾盛世"既是中国封建社会"家天下"文化的一个缩影，也是迷雾重重、难以论定的一个时代。

康熙

乾隆为什么六下江南

乾隆

关于乾隆为什么下江南，历来众说纷纭。有的说江浙官员代表军民乡绅恭请皇上临幸，皇帝是不忍拂了他们的好意；有的说文武百官援据经史及圣祖（康熙）南巡之例，建议乾隆南巡，以显示盛世气象；有的说江浙地广人多，乾隆想去考察民情戎政，问民疾苦；有的说乾隆恭奉母后，游览名胜，以尽孝心。更有甚者，说乾隆迷恋江南美景，贪慕江南美色，难敌南菜诱惑；还有人说乾隆是浙江海宁人汉官陈阁老的儿子，他下江南是为了去黄山探访隐居的亲人，揭开身世之谜。这些说法，有的过于表面，有的失之片面，有的则完全是胡编乱造，荒诞不经。

其实乾隆下江南最为重要的因素，是考虑到江南的历史条件和客观环境。江南曾经是南明政权的所在地，反清思想和反清言行一直不断，发生了多起文字狱，其中"扬州十日"、"嘉定三屠"，都是江南人士对清廷统治剧烈反抗的结果。而江浙历来又是中国的富庶之地、鱼米之乡，全国税额总数中将近一半都来自江浙。更重要的是，富裕的江浙教育水平较高，文人才子之多，数倍、数十倍于其他省份。翻看

《进士登科录》，历代的科举状元、榜眼和探花，许多都来自江南，而这些人大多都有机会入主内阁，成为国家政治的中坚力量。因此，稳固江南，利用江浙的财力和人力来夯实"盛世"之基，成为乾隆下江南的根本动力。

据史书记载，乾隆一生曾六下江南。只要我们看一看他南巡途中都做了些什么事，便能明白个中原委了。

"南巡之事，莫大于河工"，乾隆自己这么说，也确实这么做了。在六次南巡中乾隆有五次视察黄河治理工程，四次巡视浙江的海塘工程。洪泽湖的高家堰与蒋家坝之间的黄河大堤上，原来只有三座大坝，由于排泄不畅，经常容易发生水灾，乾隆在南巡时接受建议增修了两座水坝，并将五座大坝分别命名为"仁"、"义"、"礼"、"智"、"信"；在徐州附近黄河沿岸，他先后派人修筑了长逾35千米的防洪石堤；在江海交汇处的浙江海宁州、仁和县，则改建了鱼鳞石塘，并修缮了范公塘石坝。

第二件大事，就是减免赋税，笼络人心。凡是乾隆南巡经过的地方，都被不同程度地减免了赋税。乾隆对接驾及办差的官员大加赏赐，加官晋爵；将一些原来受过处分的官员恢复原职。特别是对前来接驾的老臣，他嘘寒问暖，赏赐人参、貂皮等物品，还要赏赐其子孙功名，极大地笼络了人心。

南巡途中，乾隆一方面多次在各地的孔庙行礼，另一方面对前来拜见的文人士子，亲自命题考试。他出的不少考题，摆脱了科举考试的八股陋习而注重实际应用。如浙江省大修海塘，他就以《海塘得失策》为题，取得一等成绩的考生，立即授予官职，这样就选拔了许多实干的人才。由于江南一带人才荟萃，读书应试的人很多，乾隆还下令给江苏、安徽、浙江三省官办学府增加名额。《四库全书》告成后，他个人出资让人抄录了三份，藏于扬州的文汇阁、镇江的文宗阁、杭州的文澜阁，并命令地方官吏允许学子们抄录、传看。这些举措，对江浙一带文化事业的发展，起到了推动作用。

除此之外，乾隆皇帝还从乾隆三十一年至五十九年（1766—1794年），一共实施了七次全国范围的普蠲（就是普遍减免），减免银两总计超过1.4亿两，粮谷约1200万石。这在整个封建社会中也是绝无仅有的，对于稳定盛世局面、缓和阶级矛盾起到了重要的作用。

阅兵也是乾隆下江南的重头戏之一。满族历来有重视骑射、崇尚勇武的传统，历代帝王也都精通骑马射箭。乾隆历次南巡，都在杭州、南京等地举行盛大的阅兵式。乾隆想通过阅兵，训练士兵，扭转颓败的风气，并向江南人民显示大清朝的力量，消弭其反清情绪。

南巡中还有一点值得提及，那就是乾隆皇帝常常带一些少数民族首领或重要人物巡幸，或在中途接见朝觐者。这和康熙皇帝利用避暑山庄木兰秋狝一样，既是为了笼络各少数民族尤其是蒙古族的感情，表明在统一的大家庭内不分民族、内外，一视同仁，同时也是要"通过对江南富庶之地的游览观赏，使这些头领人物看到中国的地大物博，国力强盛，使其心存敬畏，不敢有反抗之心"。

由此可见，乾隆六下江南是为了国家的长治久安。这正是许多盛世之君想有也常有的举动。

当然，乾隆下江南也免不了游山玩水。"江南名胜甲天下"，乾隆每次南巡都带着画师，遇见喜爱的江南景色，便命他们绘成图画，回去后在圆明园或承德避暑山庄仿建。江南的四大名园、杭州的西湖十景在圆明园中都留下了仿造的痕迹；苏州狮子林、镇江金山寺、嘉兴烟雨楼、宁波天一阁的拷贝版也悉数搬进了避暑山庄。因此，乾隆下江南也给国家财政造成了巨大的压力。乾隆六下江南，排场一次比一次大，耗费越来越多，直接造成了国库的空虚，给百姓带来深重的灾难。对此乾隆晚年也有反省，他曾说："我当皇帝六十年，自认为自己没犯什么大错。唯有六次南巡，劳民伤财，把好事办成了坏事。"

明

清

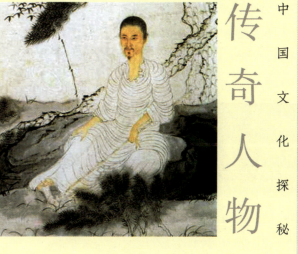

中国文化探秘

明清

传奇人物

一代"财神"沈万三

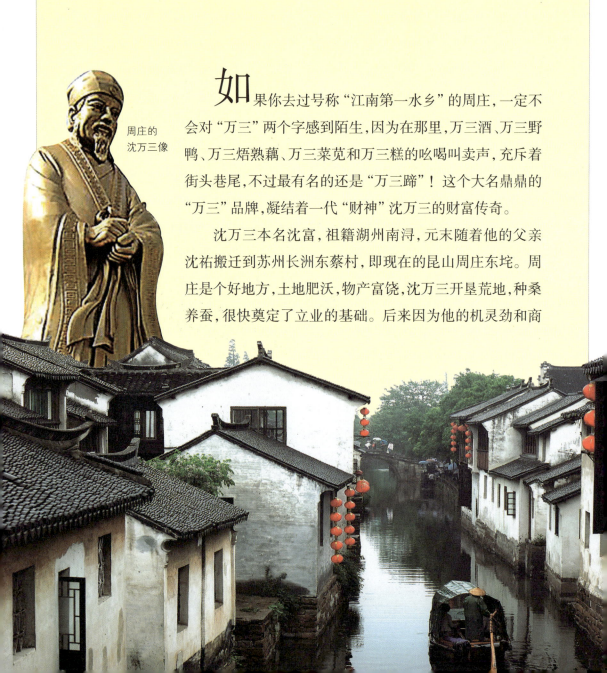

周庄的
沈万三像

如果你去过号称"江南第一水乡"的周庄,一定不会对"万三"两个字感到陌生,因为在那里,万三酒、万三野鸭、万三焐熟藕、万三菜苋和万三糕的吆喝叫卖声,充斥着街头巷尾,不过最有名的还是"万三蹄"!这个大名鼎鼎的"万三"品牌,凝结着一代"财神"沈万三的财富传奇。

沈万三本名沈富,祖籍湖州南浔,元末随着他的父亲沈祐搬迁到苏州长洲东蔡村,即现在的昆山周庄东垞。周庄是个好地方,土地肥沃,物产富饶,沈万三开垦荒地,种桑养蚕,很快奠定了立业的基础。后来因为他的机灵劲和商业头脑，被吴江首富陆道源看中，选为女婿，并以家产相赠。得到陆家家产的沈万三如虎添翼，一方面继续开辟田宅，另一方面把水路交通发达的周庄作为商品贸易和流通的基地，利用白砚江（东江）西接大运河、东北经浏河出海的地理便利，把内地的丝绸、瓷器、粮食和手工艺品等运往海外，又将海外的珠宝、象牙、犀角、香料和药材运回中国，开始了"竞以求富为务"的对外贸易活动，很快使自己成为江南第一富豪。

沈万三是个商业奇才，很懂得钱能通神、钱能生钱的道理。他慷慨解囊，结交苏州义军张士诚，支持其大周政权，并在其庇护下，开酒楼、银楼、镖局、典当行、布庄、鱼行、粮铺等，一时间富甲天下，被人称为"财神爷"。

那么，这位"财神爷"究竟富到什么程度呢？据说，他家有田产上万顷，仅因喝酒之需，就专拨出良田数十顷供种植、酿造。因为喜欢木工活，建造"木匠营"，又拨出良田数十顷。请私塾先生王行教孩子们读书，学生每写出一篇文章，即犒赏先生二十两纹银。沈万三本人还有一把玛瑙酒壶，质地通明，类似水晶，壶中有葡萄一株如墨点，称为"月下葡萄"，据说这把酒壶可以换取"嘉兴一郡盐钞"。

沈万三富名远播，后来连刚刚在应天（今南京）称帝的明太祖朱元璋都注意到他了。朱元璋派人将沈万三召去。沈万三毫不含糊，一去就以龙角为贡，并献给这位明太祖白金两千锭、黄金二百斤、甲士十人、好马十匹，并在应天建了好几处廊庑、酒楼。这等慷慨让朱元璋大为赞赏。

朱元璋在应天建都，决定扩建应天城，把它建得气派非凡。但由于战事频繁，开支浩大，根本没钱修城墙，于是又找到了沈万三。钱多得花不完的沈万三正想拍拍这位开国皇帝的马屁，于是慨然应允，约定与朝廷同时开工，"对半而筑"。沈万三负责的是聚宝门（今中华门）至水西门一段，还有廊房、街道、桥梁、水关和署邸等相关工程。民间传说，沈万三有一只聚宝盆，放进一支金钗，就能取出一大把金钗，放进一只银元宝，就能取出一盆银元宝，取之不尽、用之不竭，沈万三就是靠这个协助修城的，聚宝门因此得名。

沈万三修城很卖力，他不仅延请一流的营造匠师，还整天在工地上督促进度,检查质量。尽管一些"检校"常去工地制造事端,捞取油水,沈万三却依然比皇家修筑的城墙提前三天完工。沈万三本是想讨皇帝的欢心,不想这恰恰大驳了皇帝的面子。朱元璋生性狭隘,哪里容得下别人超过他,已对沈万三心怀不满。偏偏这沈万三也不知是老糊涂了(其时沈万三已近70岁),还是因为刚完成一桩壮举有点得意忘形,竟然一时兴起,发出豪言壮语,说要出资犒劳朱元璋的军队,这下朱元璋彻底恼怒了:"你不过一介匹夫,竟敢犒劳天子的军队,绝对是乱民,该杀!"亏得马皇后进谏说:"我听说法律这个东西,是用来诛杀不法之徒的,而不是用来诛杀不祥之人的。老百姓富可敌国,是老百姓自己不祥,不祥之民,苍天必然会降灾祸给他,陛下又何必杀他?"朱元璋听了有些解气,没有杀沈万三,而是下旨将他发配充军到云南。就这样,一代巨富沈万三在云南边陲凄凉地走完了他的生命历程。

沈万三死后,沈氏家族又遭受了两次重大的打击。一次是洪武十九年(1386年),沈万三的两个孙子沈至、沈庄为田赋坐了牢,沈庄当年就死在了牢中;第二次是洪武三十一年(1398年),沈万三的女婿顾学文因涉嫌胡蓝党祸,其一家及沈家六口,八十余人全都被杀头,没收田地。课以重税是朱元璋打击富户的常规手段,罗织罪名让富户们"入党",则属于非常规手段,但打击的力度和广度都十分有效。在朱元璋的重磅打击下,曾经豪富的沈氏家族如"昙花一现",急剧地衰败了。

但沈万三的余响却还在延续。有人说,沈万三是中国14世纪杰出的理财大师。又有人说,假如沈万三的对外贸易能在中国当时的长江三角洲和东南亚沿海地区催生出资本主义萌芽,就能带动整个商品经济的发展;假如朱元璋认可沈万三对外贸易的实践、渐次奉行贸易立国的政策,那么,中国历史乃至世界历史,也许会是另外一番景象。

历史没有也许。沈万三也不必遗憾。因为今天,在周庄,甚至在云南、在贵州,"沈万三的后代"及其乡邻们沿袭"万三"文化,高举"万三"品牌,大兴旅游经济,沈万三已成为他们名副其实的财神爷和聚宝盆。

千古一贤马皇后

明代开国皇后名叫马秀英，是元末安徽起义军将领郭子兴的养女。朱元璋参加起义军后不久，郭子兴看出了他的才干，为了笼络朱元璋，就将马秀英许配给了他。朱元璋称帝后，马秀英被封为皇后。她是中国历史上有名的贤惠皇后。

马皇后一生都积极支持朱元璋的事业，是朱元璋的重要精神支柱。即使贵为皇后，她依然生活俭朴，不事奢华。在明初的政治生活中，她以自己的特殊身份、卓越见识和杰出才能，悉心补救朱元璋政事上的弊病和缺失。她的所作所为顺应了历史发展的潮流，为明代社会的发展做出了不小的贡献。

1368年，朱元璋在应天（今江苏南京）称帝。当上皇帝后的朱元璋，大封功臣，任命了数量庞大的各级官吏，辅助他管理王朝。当然，他也没有忘记自己的那些亲戚，该上尊号的上尊号，该封王的封王，该封官的封官。对马皇后的家人，也就是人们常说的外戚，他也打算封给他们一定的官职。朱元璋为此去跟马皇后商量，没想到被马皇后一口回绝。她对朱元璋说："我的亲戚未必都是有才能的人。让没有才能的人当官掌权，可不是我的心愿。用人一定要看他

马皇后

031

穿龙袍的朱元璋和
马皇后造像

的才能高低，不能看和咱们的关系远近。"朱元璋听后连连点头，马皇后继续说，"我虽是个女流之辈，但也听说过历朝历代的故事。有许多皇后的娘家人当了大官，就胡作非为，搅得朝廷上下不安。别人也不敢管，结果闹出不少乱子。我没什么见识，可我家里的人要那么胡来，我就不答应！"接着，马皇后列举了几个前朝历史上由于外戚干政造成社会动乱的例子，说明用人要有远见的道理。朱元璋听从了马皇后的建议，停止封马家人为大官。明朝后来的确很少有因外戚干预朝政造成的大乱子。这跟马皇后的远见卓识有着很大的关系。

当初，明朝将领攻克了元朝的首都后，把缴获的金银财宝送回应天。朱元璋看到这些宝物喜形于色，马皇后却在一边泼凉水："元朝有这些财宝却不能保住国家，我想，大概真正的帝王们另有其他宝物吧？"朱元璋一愣，沉思片刻，说："我懂了，皇后的意思是人才是宝。"马皇后接着说："陛下说得对。我与陛下从贫贱出身而能有今天，我常担心骄横放纵由奢侈而生，国家危亡皆自细小之处而起，所以希望广招人才以共同治理天下。"而后，她又意味深长地说，"法屡更必弊，法弊则奸生；民数扰必困，民困则乱生。"皇帝一听，真是至理名言呀，马上叫来女史录入史册。

马皇后很注重勤俭持家。她一生节俭，即使后来被封为皇后，成为一国之母，依然和从前一样，过着非常俭朴的生活。她总是穿着粗布制成的衣服，就是这样的衣服，如果破了，她也舍不得扔掉，而是缝缝补补后继续穿。但对于宫里的人，她总是尽量照顾他们，使他们都能做到衣食丰厚无缺。对于朱元璋的饮食，她也亲自料理，她之所以这样做，主要有两个原因：一是尽做妻子的责任；二是怕朱元璋性格暴烈，若饮食有不中意处，一旦怪罪下来，宫里人担当不起，而她则可以承受。

1382年，51岁的马皇后得了重病。她知道自己的病治不好，也知道朱元璋的脾气，如果吃了医生的药而不愈，那治病的医生就别想活了。为了不让朱元璋枉杀无辜，她拒绝任何医生的治疗。从生病到去世，马皇后没有吃过一剂药。临终前，朱元璋问她还有什么话要说，这位贤惠的皇后对朱元璋说："愿陛下求贤纳谏，慎终如始，子孙皆贤，臣民得所而已。"这个善良的女人，到死都在为别人着想。

马皇后去世后，朱元璋非常伤心。他从此没有再立过皇后。据说，马皇后出殡那天，应天百姓几乎倾城而出，自发为她送葬。时值盛夏，史载那天忽然电闪雷鸣，下了一场瓢泼大雨，扶老携幼的万千百姓在大雨中恸哭，竟然没有一个回家躲雨的。那些在马皇后生前服侍过她的宫人也很怀念她，还特意为她写了一首歌以表达他们的怀念之情："我后圣慈，化行家邦。抚我育我，怀德难忘。怀德难忘，于万斯年。毖彼下泉，悠悠苍天。"

明

清

唐伯虎的那些事儿

看唐伯虎晚年的画像，淡定的神情掩饰不住岁月的风霜，怎么也不能把他与三笑点秋香、率性戏风尘的英俊书生联系起来。能给唐伯虎画像的，自然应该不是俗手。因为，在画像上，唐伯虎清峻疏朗的眉宇间，还依稀可见"笑舞狂歌五十年"的痕迹。

唐伯虎，号六如居士、桃花庵主，本名唐寅，伯虎是他的字；他的另一个字"子畏"少有人知。因为他祖籍晋昌（山西晋城），所以在他的书画落款中，往往写的是"晋昌唐寅"。北宋时，唐氏家族开始南迁，来到南京、苏州一带经商。唐伯虎就出生在苏州府吴县吴趋里一个商人家庭。

名人们的童年都差不多，不外乎"天资聪敏"、"博览群书"。唐伯虎16岁秀才考试得了第一名，轰动了整个苏州城。19岁娶妻，生活美满。25岁那年，父、母、妻、妹相继去世，对他打击很大，那时他日日纵酒，对诸事都失去了兴趣，后来在好友祝允明（祝枝山）的劝说下才有所收敛。29岁时，他到南京参加乡试，又中第一名解元。"江南

《牡丹仕女图》

晚年唐伯虎

第一才子"的帽子,戴在儒雅俊逸的唐伯虎头上再合适不过。可是,正当他"一朝欣得意,联步上京华"第二年赴京会试时,一场改变他命运的事端发生了。

在进京会试路上,江阴巨富徐经(徐霞客曾祖父)与唐伯虎结成莫逆之交。两人一同乘船进京,终日驱马出游,徐经甚至还带着一个歌舞班子陪同玩耍。这可是进士考试,得中就一举闻名,官运可待,前程似锦,赶考者谁不战战兢兢?他们却如此悠闲招摇,自然招来非议。恰逢这年试题出得冷僻,很多应试者答不上来。唯有两张试卷,不仅答题贴切,且文辞优雅。主考官程敏政高兴地脱口而出:"这两张卷子定是唐寅和徐经的。"这句话被在场者听见并传了出来,就有人存心造谣说程敏政受贿泄题。于是,程敏政、唐伯虎和徐经被押入诏狱,有专人审理。徐经入狱后经不起严刑拷打,招认他用一块金子买通程敏政的亲随,窃取试题泄露给唐伯虎。后刑部、吏部会审,徐经又推翻自己的供词,说那是屈打成招。皇帝下旨"平反",程敏政出狱后,愤懑不平发痛而卒。唐伯虎则被剥夺了进士资格,贬往浙江,只能给官府打杂。唐伯虎深以为耻,不去就任。

从名震天下的"江南第一才子"沦为阶下之囚,其内心的郁闷可想而知。家乡成了唐伯虎最怕提到的字眼,此时只有一个去处:混迹山水。他登庐山,游赤壁,赏洞庭,经衡山、武夷山、雁荡山、天台山,又渡海去普陀,随后抵达黄山与九华山。历时九个多月,踏遍名山大川。千里壮游,吟诗作画,雄奇壮丽的山水抚慰着他破碎的梦想,也为他日后创作山水画打下了基础。

回到苏州,他续娶的妻子已离他而去。他作《百忍歌》自慰,以丹青自娱,靠卖文鬻画为生。直到36岁时,苏州名妓沈九娘慕名下嫁唐伯虎,这才给了他莫大的安慰与鼓励。从此,唐伯虎开始用心置家,用卖画的钱建成了桃花坞别墅。虽只几间茅屋,檐下却悬着雅致的室名匾额"学圃堂"、"梦墨亭"、"蛱蝶斋"等。唐伯虎一生酷爱桃花,别墅取名"桃花庵",自号"桃花庵主"并作《桃花庵歌》:"桃花仙人种桃树,又摘桃花换酒钱。酒醒只在花前坐,酒醉还来花下眠。半醉半醒日复日,花落花开年复年……"春日,园内花开如锦,他邀请沈周、祝允明、文徵明等来此饮酒赋诗,挥毫作画,尽欢而散,过得清闲而超脱。

1514年,唐伯虎被明宗室宁王以重金招聘到南昌,发现宁王有叛乱迹象,他就佯装疯癫,脱身回归故里,后来宁王起兵反叛朝廷被平定,唐伯虎可谓侥幸逃脱了杀身之祸。自此他彻底断绝了经世致用的念头,转而信佛。

那么,这样一个落魄文人,怎么就被后世附会上那么多传奇故事、风流韵事呢? 说起这个,还是和唐伯虎的才名有关。

唐伯虎确实有才,他的诗文很有名气,与祝允明、文徵明、徐祯卿并称"江南四才子";画名更著,与沈周、文徵明、仇英并称"吴门四家";书法也很说得过去。身居富庶的苏州,商贾云集,既有利于培养文人的风雅,更有利于名声的远播。而他以解元的身份陷入不明不白的考场舞弊案,入狱并受到剥夺士籍这一对读书人最严厉的惩罚,唤起了读书人兔死狐悲的同情和不平,更是让他想不出名都不行。才识能达到他那个水平,本已是很多读书人梦寐以求的事情了,对他的期待,自然是"高山仰止",突然中断,便觉得意兴未足。而读书人心目中,谁不愿意儒雅风流,极尽自由,不仰人鼻息就荣华富贵呢? 唐伯虎的年轻才俊、声名远扬、冤狱、牵涉叛乱、装疯、名妓为妻,实在使他成为传奇故事主人公的绝佳人选。于是,九娘变成了九个老婆;大他20岁的南京名妓秋香,与冯梦龙小说《唐解元一笑姻缘》、王同轨小说里的"陈公子点秋香"嫁接在一起,演绎出了唐伯虎三笑点秋香……而真实的场景却是:这位晚景凄凉的老人,仅54岁就在忧愤中过完了他的一生。

最早对唐伯虎的才能做出评价的著名人物,当属明朝"公安派"领袖袁宏道。他说,唐伯虎的文章一般,诗中偶有佳句,词的境界入画。至于他最高的成就,还是他的画。但袁先生对画不甚了了,所以没有评论。

因为唐伯虎没有做过官,虽然他在民间名声很大,但正史《明史》直接记载他的仅区区213个字,给后人留下了无穷的想象空间。可这又有什么要紧呢?唐伯虎自己也曾撰诗道:"我问你是谁?你原来是我。我本不认你,你却要认我。噫!我少不得你,你却少得我。你我百年后,有你没了我。"(《伯虎自赞》,这里的"你"可作唐伯虎的名声看,"我"是真实的唐伯虎。)

是啊,百年之后,只有唐伯虎精彩的传奇,没有唐伯虎在世的凄凉。真如杜甫当年感叹的:"尔曹身与名俱灭,不废江河万古流。"

明

清

放眼世界的科学家徐光启

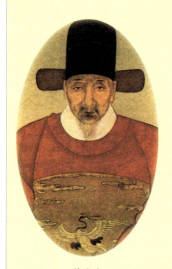

徐光启

徐光启与利玛窦

你知道今天上海的徐家汇是怎么得名的吗？徐家汇原来叫法华汇，只因为这里出了一个了不起的人物——徐光启，后来人们为了纪念他，就将法华汇改成了徐家汇。

徐光启是怎样一个人，他又有什么了不起的地方呢？这还真不是三言两语能够说清楚的。这么说吧，你知道"甘薯"的来历吗？知道几何、三角、对角、直角、锐角、钝角、平行线……这些名词吗？它们的引进、翻译、介绍、推广，全都是由徐光启完成的。他的贡献还不限于农业科学技术、数学，在天文历法、军事科技等方面，都有"筚路蓝缕，以启山林"的功劳。可以说，他是我国古代第一个放眼世界的科学家，也是古代知识分子中最具有科学思想、最注重经世致用的实干家，另外，他也是当时朝廷重臣中第一个天主教徒。

徐光启1562年生于松江府上海县法华汇一个小商人的家里。生活环境和家庭教育，对他后来钻研科学技术、重农兵、尚实践、毕生唯勤唯俭、安贫若素都有良好的影响。年轻时，他为了谋生，先后在家乡和广东、广西教书。在韶州，他认识了传教士郭居静。通过他，徐光启第一次看到了世界地图，知道在中国之外竟有那么大的一个世界；又第一次听说地球是圆的，有个叫麦哲伦的西洋人乘船绕地球环行了一周；还第一次听说意大利科学家伽利略制造了天文望远镜，能清楚地观测到天上星体的运行。所有这些，对他来说，都是闻所未闻的新鲜事。他意识到，那些名不见经传的"外邦小国"，也有比中国先进的地方。从此，他开始接触西方的自然科学，对传教士也有了敬畏之心。

1600年，徐光启结识了对他一生乃至对中国文明进程都产生了影响的重要人物——利玛窦。利玛窦是意大利人，他对数学、物理学、天文学、医学都很精通，而且擅长制作钟表、日晷（古代一种测定时间的仪器），善于绘制地图和雕刻。为了便于同中国人交往，他曾刻苦学习中文和中国古代文化。他穿中国的服装，遵循中国的礼节和风俗习惯，还将自己的名字玛太奥·利奇改成"利玛窦"这样一个中国式姓名。

徐光启很佩服利玛窦的学问，他专程到南京拜访利玛窦，两人促膝交谈，相见恨晚。利玛窦希望徐光启加入天主教，徐光启为了更好地接近、学习、翻译介绍西方先进的科学技术，在经过深思熟虑后，答应了利玛窦。从此，他开始认真学习天文、兵法、水利、工艺、数学等方面的知识。徐光启不仅善学还善用，在他刚刚步入仕途，还在翰林馆学习期间，就连上四篇疏议，提了不少切实可行的治国方案，与那些浩然华彩、暗藏心机的奏章大相径庭。

后来徐光启的父亲亡故了，他按规定回家守孝，此间，他根本没有闲着，而是做了几件平生大事。其一就是修改此前与利玛窦合译的《几何原本》前六卷和《测量法义》。《几何原本》是拉丁语专著，许多数学专业名词在中文里都找不到现成的对应词汇。因此，要译得准确流畅、通俗易懂，是很不容易的。但徐光启却成功了，他翻译的"几何"、"三角"、"平行线"等名词，在今天看来都是天才的译法。其二则是他亲自引种试验，从而推广了甘薯的种植。他呈给皇帝的著名的《甘薯疏》，为救灾救荒做出了巨大贡献，可以类比今天袁隆平发明杂交水稻带来的效果。

此后，他居丧期满，回京复职，依旧不忘天文、算法、农学、水利等方面的科学研究，马不停蹄、呕心沥血地致力于自然科学技术的介绍推广，其希望用科学推动国富民强的赤诚可见一斑。可惜，他生不逢时。在内忧外患、腐朽透顶的万历晚年，绝大多数朝臣都忙于为一己一党牟取利益，根本没有谁真正关心国计民生。在这些人眼里徐光启完全是个另类，对他嫉恨不已。最终，他们找了个徐光启帮传教士刊刻宗教书籍、协助庇护传教活动的借口，便把徐光启弹劾了。

徐光启赋闲了，直到1618年，努尔哈赤叩关扰边，皇帝才又想起这位擅做实事的老臣。当时徐光启正在病中，接到圣旨，他二话没说就立刻上任，并亲自去选兵练兵，铸造枪炮了。在传教士的协助下，他成功改造了"红夷大炮"。可是，他的这些工作都需要大量银子，朝廷财政拮据，因此选兵练兵一直很不顺利。几经沉浮，他最后还是辞职回家了，并在闲居时完成了农学巨著《农政全书》和军事论集《徐氏庖言》。

1628年，崇祯即位，这位心怀理想的皇帝非常器重徐光启，不但使他官复原职，还不停地提拔他，直至位极人臣。为了回报天子圣恩，徐光启也全身心地投入了《崇祯历书》的编修中。这部耗尽了徐光启最后一丝精力的浩繁历书,历时八年,直到他去世后第五年才全部完成。

　　1633年,徐光启这位放眼看世界、埋头做实事的科学家积劳成疾,抱病而终。他在"天朝强国"的酣梦里,敏锐地捕捉到西方部分先进的科技信息,泰然学习,身体力行,贯通中西,从事科学启蒙和实践。他让腐气沉沉的人治国度,闪现了一丝自然科学的光芒。他的眼光和胸襟,他的务实和赤诚,简直就是治疗中国传统顽疾的验方。

奥运火凤凰背后的故事

北京奥运会
火炬手服装

细心的读者对比这两幅图就会发现，火炬手制服上的火凤凰图案源自御赐秦良玉龙凤袍。

这件明代御赐秦良玉平金绣龙凤袍，属于国家一级文物，现馆藏于重庆市三峡博物馆一楼的三峡厅。龙凤袍为红色绸地，立领袍式，平金绣龙凤式样。胸前正中绣金龙，胸背及两袖皆绣彩凤。除了龙、凤以外，裙脚还有彩绣寿山福海，空白间绣彩云。袍子上的彩凤气势非凡、祥瑞和平，北京奥运火炬接力形象景观设计总监杭海认为，它"能够显示盛世的感觉"，"既与圣火传递的主题吻合，又是一种能够跨越文化的祥瑞的象征"，于是采用它作为奥运火凤凰的原型。

龙、凤图案，黄、黑（玄）等五彩颜色，按明朝服饰制度，只有皇帝、皇后才有资格穿戴。那么，这件袍子的主人秦良玉何德何能，竟能享受如此几乎不可想象的高规格赏赐呢？这就要从秦良玉与国家的命运讲起了。

万历二年（1574年）正月初二下午6点左右，忠州城

御赐秦良玉龙凤袍上的图案

042

西十里鸣玉溪秦家坝（现重庆市忠县东云乡护国村）贡生秦葵家里，一声嘹亮的女婴啼哭宣告了一个不平凡的生命的诞生。父亲为她取名良玉，字贞素。这位父亲文才武略，见识不俗，没有重男轻女的思想。他因偏爱"执干戈以卫社稷"，便让自己的孩子统统习文练武，自幼就演习兵法。机智伶俐的小良玉不仅文采出众，武艺高强，更显露出比哥哥弟弟都要高出许多的军事才能。秦葵曾对她说："你兄弟的才干皆不及你，只可惜你不是男孩。"她则答道："假使孩儿能执掌兵柄，那么所谓夫人城（冼夫人，隋时岭南的少数民族首领）、娘子军（唐高祖李渊之女平阳公主率领的军队）都不足道。"《明史》也记载她"饶胆智、善骑射、熟韬略、工词翰、仪度娴雅"。

　　秦良玉22岁时，嫁给石砫县宣抚使马千乘为妻。马千乘是汉朝伏波将军马援的后裔，他英勇而有谋略，以天下兴亡为己任。秦良玉深谙用兵之道，结婚后，她协助马千乘在石砫训练了一支纪律严明、秋毫无犯、作风强悍的精锐军队，因使用特殊的"白杆"为兵器，又号称"白杆兵"。以"白杆"为兵器是为了适应四川"难于上青天"的作战地势，就地选用质地坚硬而又柔韧的白腊树干，去皮阴干，做成白杆，上配钩环，跋山涉水，白杆相互钩连，可长达数十丈，不用借助绳、梯等攀援工具。

　　秦良玉27岁那年，播州（今贵州遵义县西）宣慰使杨应龙造反，"白杆兵"得到消息，立刻驰援。骁勇的白杆兵发挥山地作战优势，从小路出奇兵破关大败反贼，就这样首次扬名，论功为川南路第一。

　　万历四十六年（1618年）后金（1636

龙凤袍

年改称清)崛起,努尔哈赤亲率骑兵两万余人,大举入侵,明朝军队节节败退,辽东局势急如薪火。1620年,秦良玉接朝廷援辽的命令,自备粮饷,让哥哥秦邦屏、弟弟秦民屏带五千白杆兵先行,自己和儿子马祥麟率精兵三千殿后,日夜兼程北上赴援。不幸的是,第二年秦邦屏战死在浑河,秦民屏也因寡不敌众,负伤待援。秦良玉闻讯,星夜赴援,守护榆关。

有一天,努尔哈赤暗遣悍卒,携弓带箭,竟想偷渡榆关。谁知榆关自经秦良玉守护,防范严密,真如铜墙铁壁一般,后金部队只得大举猛攻。交战中,马祥麟被流矢射中了眼睛,顿时血流如注,可他不愧为名将之后,就地将箭拔出,然后弯弓劲射,连发数矢,敌方立刻有数人应声倒地。众白杆健儿见主将重伤仍誓死拼杀,目眦尽裂,呐喊有声,个个奋勇争先。敌军尸横遍野,被迫撤退。白杆兵令满洲部队闻风丧胆,再次扬威。

战乱在明末,好像永远没有完的日子。秦良玉的生命火花便迸射在南北驰骋的马上生涯里。刚从辽东回川,又投入平定奢崇明叛乱的征战。平奢后稍有喘息,崇祯二年(1629年)后金军队又攻占了蒙古,自龙井关越过长城,击败了沿途守军,直逼遵化。明军虽奋力抵抗,怎奈后金军队势如破竹,连克四城,直逼北京。焦头烂额的崇祯诏令全国各地的军队前来守卫京城,各地军政大员却拥兵自重,百般推诿,虚与委蛇。此时还是秦良玉拿出自家钱财作为军饷,率白杆兵千里飞奔勤王。部队与后金兵在京师外围相遇,还没来得及安营扎寨,就开始了全面进攻。年已55岁的秦良玉,驱动那久经训练、百战百胜的白杆劲旅,手舞利器,好似瑞雪飞舞、梨花纷飘,锋刃所过之处,敌军不是人头落地就是手脚分家;所有白杆兵将士,无不以一当十,威猛如虎,打得敌军落荒而逃。很快,秦良玉接连收复了涿州、永平,解救了京城之围。

崇祯听到捷报后,派特使携带大批酒肉、银两前来犒军,并在平台召见了富有传奇色彩的女将军秦良玉。京城百姓万人空巷,争睹传闻中的女将军风采和她那支白杆"神兵"。见过女将军,检阅过她的部队后,崇祯感慨万千，说："不图今日见细柳营，娘子军名不虚也。"并当场赋诗四首，夸赞秦良玉的功绩，御笔亲誊，赐给了她：

学就四川作阵图，鸳鸯袖里握兵符；
由来巾帼甘心受，何必将军是丈夫。

蜀锦征袍自剪成，桃花马上请长缨；
世间多少奇男子，谁肯沙场万里行。

露宿风餐誓不辞，忍将鲜血代胭脂；
凯歌马上清平曲，不是昭君出塞时。

凭将箕帚扫匈奴，一片欢声动地呼；
试看他年麟阁上，丹青先画美人图。

清绵竹印本"门神秦良玉"

明

清

同时，崇祯皇帝还御赐了前面提到的那件蜀锦缎平金绣龙凤袍。服饰上的龙凤纹、用色都超过了当时所有人臣所能穿戴的极限，可见秦良玉对国家的贡献之大，皇帝对她的恩宠之深。后来，她又继续为国家平定流贼外寇，一直到75岁病逝。

秦良玉是中国古代正史中唯一被列传的女将军，她一生为国家奋斗，为民族牺牲，兄弟、儿、媳全都献身于卫国保家的战斗中。她死后，四川百姓印行了她的画像作为门神，贴在大门上驱邪避魔，祈福消灾。这正是人民对其精神的赞美和敬佩，以及永远的怀念！

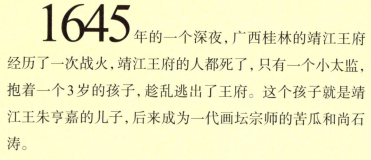

苦瓜和尚石涛的故事

1645年的一个深夜，广西桂林的靖江王府经历了一次战火，靖江王府的人都死了，只有一个小太监，抱着一个3岁的孩子，趁乱逃出了王府。这个孩子就是靖江王朱亨嘉的儿子，后来成为一代画坛宗师的苦瓜和尚石涛。

《石涛自画像》

石涛本名朱若极，是明太祖朱元璋侄孙靖江王朱守谦的第十一世孙。他本来是皇族后裔，身份高贵，无奈生不逢时，正赶上明王朝覆亡之际，父亲在皇室争权斗争中被杀，他也被视为"叛臣"之子不容于南明政权，又被清廷视为明宗室余孽必欲赶尽杀绝，处境十分尴尬而危险。为了躲避搜捕，保全性命，石涛主仆二人只得在全州湘山寺削发为僧。石涛取法名超济、原济，又称清湘遗人，因感于自己凄苦的身世，又特别爱吃苦瓜，故自号"苦瓜和尚"。

石涛自幼聪颖，爱好读书，尤其喜欢画画。十几年的潜心礼佛，不仅使他学问精进，而且参禅悟道也提升了他的人生、艺术境界。为了逃避兵祸，也为了"读万卷书，行万里路"，他开始了长达十几年的云游生活。

他先后到达湖北、安徽、江苏、浙江等地，游历黄山及洞庭湖等名山大川，探访江南吴越名秀，乃至远游燕、鲁等

地，足迹踏遍半个中国。他画出的山山水水千姿万态，留下了许多精劲秀逸、异彩横溢的作品。在他到过的地方中，他最钟情于黄山，曾多次游览，画了多幅《黄山图》，并且在画上题了同样的诗句："黄山是我师，我是黄山友"，表达了师法自然的艺术追求。他还与徽派画家梅清、梅庚、戴本孝等往来密切，相互影响，互赠诗画，成为莫逆之交，合称"黄山派"。

《黄山八胜图》

康熙十九年（1680年）闰八月，石涛和师兄喝涛接受好友勤上人（一说钟山西天道院）的邀请，前往南京，常驻于长干寺一枝阁。石涛担任住持，自称"枝下人"、"一枝叟"。长干寺是皇帝直接下诏修建的大寺。在这里，他得以与诸多艺术名流结识，因此画艺更臻成熟，完成了《细雨虬松图》等重要的艺术作品。

1684年，康熙皇帝第一次南下巡视，11月抵南京，石涛在长干寺接驾。这件事对石涛影响很大。因为事前辅国将军博尔都先来南京打前站，博尔都也是个绘画爱好者，慕名前来会见石涛，向石涛说起康熙南下将祭奠明孝陵，这使身为明室后裔的石涛大为感动，本来有的矛盾心情也平复了。因此，五年后康熙再度南巡时，石涛又一次在扬州平山堂恭迎圣驾。时隔五年，康熙居然还能当众呼出石涛之名，这使石涛受宠若惊，倍感荣幸。石涛向康熙进献了《海晏河清图》，并跃跃欲试，准备在这个明君手下干一番事业，一展平生之志。因此这次接驾后不久，石涛就接受了博尔都的邀请，北上京师，准备大展宏图，报效朝廷。

《细雨虬松图》

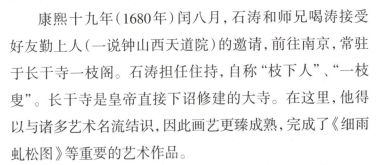

在京师，石涛凭着烂熟于胸的记忆，完成了表现黄山奇景的《搜尽奇峰打草稿》和《古木垂荫图》，艺术上达到炉火纯青的境界。就连当时与之艺术见解相反的摹古派领袖人物王原祁也忍不住称赞他说："大江以南，当推石涛为第一。"

可是艺术上的成就，并不代表仕途也一帆风顺。石涛本来以为康熙皇帝也礼佛，自己定能受到礼遇，就像老师旅庵本月受到顺治皇帝的礼遇那样；原先以为京城的权贵也礼贤，他这匹千里马定能得到伯乐的赏识和举荐。然而，他的这些愿望最终都落空了。在京期间，他受人之邀，频频出入王公贵族的高第深宅，虽然结交的达官贵人不少，但他们仅仅把他当做一个会画画的和尚而已，真正能体察他心思的人屈指可数，这使他感到很失望。而且当时的京师画坛更受皇帝、权贵赏识的是流行的摹古派"四王"体格，石涛没有更多的立足之地。因此，石涛在作了《诸方乞食山水图轴》后，写下"诸方乞食苦瓜僧，戒行全无趋小乘。五十孤行成独往，一身禅病冷于冰"的凄婉诗句，毅然作别京师，回到了扬州。

回到扬州后，石涛以为他人设计园林垒石和卖画为生。彻底灭了功名利禄之心的他，决心对自己来一番彻底的洗涤清理。他用自己的积蓄营建了"大涤草堂"，立志将过去的一切洗干净，做一个世俗的自在的人。1699年，58岁的石涛遇到了74岁的"八大山人"。"八大山人"朱耷也是明皇室后裔，两人同病相怜，共同作画，写诗唱和，趣味相投。石涛对朱耷的画作十分感佩，朱耷的气节也深深地令他折服，从此石涛在画上署起了新名号"大涤子"，并公开承认自己是明皇族后裔，甚至在画上第一次使用真名——若极。

"大涤"后的石涛最倾慕陶渊明。陶渊明的"采菊东篱下，悠然见南山"深得其心，为此他专门作了一幅人物画《采菊图》。画中的陶潜采了菊，正在闻菊的香味。细观其嗅菊之态和他右眼上翻的目光，你能强烈地感受到一种傲然不屑、旁若无人的态度，他仿佛在说："除了这束菊花之外，这个世界我还在乎谁呢！"此作与朱耷的《鱼鸟图》"白眼向人"有异曲同工之妙。

晚年的石涛曾做过两件功垂千古的事：一是他撰写了《苦瓜和尚画语录》，系统地总结和阐述了自己的创作心得与美学思想。此书是中国山水画论以及中国美术史上极其重要的著作，石涛也因此被称为"清代以来300年间第一人"。二是他精心物色了一个少年，收他为徒。这个少年在石涛去世后每年都去为他扫墓。少年的名字叫高翔。40年之后，高翔成为八位著名画家之一，人们称这八位著名画家为"扬州八怪"。

明

清

标新领异郑板桥

　　"**删**繁就简三秋树，领异标新二月花"，这是清朝"扬州八怪"之首郑板桥与人论文的对联。标新立异是郑板桥苦心孤诣的艺术追求，同时也是他诗画、书法、做人乃至做官卓尔不群、特立独行的生动写照。

　　郑板桥一生颇负狂名。他用诗来表达自负，"书成便拟兰亭帖，何用萧郎赚辩才"，夸自己的书法了得；又说"不烧铅汞不逃禅，不爱乌纱不要钱"，既不愿参禅悟道或隐居礼佛，也不把功名富贵放在眼里，只想落个坦荡自在。

　　郑板桥文思敏捷，写诗往往信手拈来，充满机巧和智慧。传说，他曾投宿某寺，势利的当家和尚看不起这个穷秀才，要他抄经若干方得借宿，语言十分傲慢。看看天色已晚，郑板桥只好答应。经抄好了，和尚仍不满足，见郑板桥字写得好，说如果加写一副对联，晚上才可供应一床棉被。郑板桥无奈之下挥笔写道："凤在禾下飞去鸟，马到芦边草不生。"寺后有禾，寺前有芦，都是实景。凤来表示祥瑞，马到表示施主光临，都是喜事。和尚见了，十分欢喜，请郑板桥到上房安歇。日后,和尚将对联裱制悬于佛堂,逢人就夸耀。客人中也有懂诗的,告诉和尚说:"这上联写的是一'秃'字,下联写的是个'驴'字。"和尚一琢磨,哭笑不得。

又传,某晚郑板桥辗转不眠,恰逢小偷光顾,他决定吟诗赶贼,于是翻身朝里,低声吟道:"细雨蒙蒙夜沉沉,有劳君子到寒门!"小偷此时已近床边,闻声暗惊。继而又闻:"腹内诗书存千卷,床头金银无半文。"小偷心想:不偷也罢,转身出门。又听里面说:"出门休惊黄尾犬。"小偷想,既有恶犬,那就逾墙而出吧。正欲上墙,又闻:"越墙莫损兰花盆。"小偷一看,墙头果然有兰花一盆,真的细心避开,脚刚落地,屋里又传出:"天寒不及披衣送,趁着月黑赶豪门。"

除了才思敏捷,郑板桥还擅画,尤其精于绘制兰、竹、石。72岁时,他作了两幅最著名的画作。一幅作于扬州:兰花在山石缝隙中怒放,叶片纵横恣肆,花朵傲然洒脱,浓浓淡淡的墨笔之间,幽香弥漫,题为:"掀天揭地之文,震雷惊电之字,呵神骂鬼之谈,无古无今之画,因不在寻常蹊径中也。未画以前,不立一格,既画以后,不留一格。"这可以说是郑板桥画品、人品的自画像。

另一幅作于兴化杏花楼,是他醉后所画:三竿老竹,几竿小竹,在竹竿竹叶之间,一反常规,自左至右分六处写了169个字的长题,别开生面。他说画竹以写神为上乘,但不独写神,而且写生、写节、写品。他觉得他笔下的竹也活了,石也活了。竹子有知,称他为解人;石头有灵,向他点头。

郑板桥的书法更有特色。他从古人的书体中学一半,撇一半,创立了"六分半书"。这种书体以隶书笔法结合行、楷,又糅入画兰竹之法,自成面目。一幅书法作品中,字形千变万化,看似"乱石铺街",实则错落有致,浑然一体,宛如天成。人们称这种空前绝后、独树一帜的书法为"板桥体"。

因为郑板桥书法、绘画名气太大,前来求书求画的人不计其数,他也因此不堪其扰。后来还是他的朋友替他出了个主意，干脆以银易画，并开出"大幅六两，中幅四两，小幅二两，条幅对联一两，扇子斗方五钱"的具体价码。那么，板桥卖画，是否真的为了敛财呢？非也。郑板桥有句名言，叫做"黄金避我竟如仇，湖海英雄不自由"。他生性落拓不羁，不把银钱放在眼里，别人攒钱，他骂人家是"驮钱驴"，作画也只凭兴趣。而且，他即使有了钱，也是置于大袋内，常常取出来，大把大把地周济穷人。所以郑板桥老来仍囊中羞涩，连房屋都买不起，只得借住在朋友的园子里。

为什么才高如许却清贫如此呢？这个问题郑板桥心里或许早有答案。他曾写下两幅著名的匾额，一幅叫"吃亏是福"，一幅叫"难得糊涂"。这两幅匾额的真正含义是什么？至今是个谜。但是板桥做人追求一种难得糊涂、大智若愚的境界，却是肯定的。不过，他做人"糊涂"，做官却绝不糊涂。

郑板桥仕宦十二年，虽只是山东范县和潍县的小小七品县令，德政却十分出众。他曾给上司画过一幅画，题有这样的诗句："衙斋卧听萧萧竹，疑是民间疾苦声。些小吾曹州县吏，一枝一叶总关情。"为了救济灾民，他还曾两次冒着得罪上级的危险私开官仓，借粮食给百姓；又带头捐款并发动全县士绅出钱修缮城墙，防水防盗，以工代赈，救活了无数灾民。

做官自须断案，郑板桥判案机智幽默，妙趣横生，也留下了许多脍炙人口的故事。

一次，潍县城西有一位魏善人霸占了一个寡妇的女儿。寡妇告到公堂，姓魏的狡辩说自己是怜惜弱女，纯

郑板桥书法

属行善。郑板桥点头,认为行善应当嘉奖,关照魏善人侍立一旁,看他审案。第一案是邻居为衣服被毁打官司。郑板桥说:"有善人在此,善人赠你们一件袍子,不就了案了么?"姓魏的只好脱下长袍。第二案是穷户欠富户二十两银子,富人讨债告到公堂。郑板桥认为这是善人行善良机,关照姓魏的出银了结,姓魏的忍气吞声,掏出二十两,以维持其善人面貌。第三件案子是老婆婆告儿子忤逆,儿子已外逃,老婆婆气愤不已。郑板桥说:"有善人在此,善人代你儿子挨二十大板,可为你老人家消气。"这下魏善人慌了,连忙叩头,表示愿意退还霸占的少女以求结案。就这样,郑板桥剥去了伪善者的伪装。

又有一次,潍县城里一个大盐商抓了一个卖私盐的小贩,进县衙请求知县大人从严发落。郑板桥升堂后见这小贩面有菜色,衣衫褴褛,相貌忠厚,知是被生计所迫,不得已才违律贩卖私盐,便心生同情。而且,他对大盐商囤积居奇、垄断市场、高价牟利早就不满,于是便对盐商说:"我罚他示众如何?"盐商点头。郑板桥又说:"就罚他在你店前示众三日!"盐商大喜。示众之日,郑板桥以芦席作枷,芦席上粘着他所作的书画,每日更换,均为精品。这下吸引了许多人围观欣赏,里外三层,将盐店大门堵得水泄不通,根本无法营业,过路行人还对盐商骂声不绝。到了第三天,盐商只好求郑板桥放了小贩,了结此案,但店中已损失不少,盐商真是哑巴吃黄连,有苦说不出。

还有一起僧尼案。起因是石佛寺一位僧人与天月庵一位尼姑月下幽会,被好事之徒发现,扭送公堂,以伤风败俗罪名求郑板桥严办。郑板桥详细了解了事情的经过:原来这两人剃度前就相识,情深意笃,后因反抗各自的包办婚姻,才分别出家,但红尘未断。得知原委后,郑板桥大笔一挥,判两人还俗完婚,并写了一首诗作为判词:"一半葫芦一半瓢,合来一处好成桃……是谁勾却风流案,记取当堂郑板桥。"一时间流传鲁东,闹得沸沸扬扬。

明

清

郑板桥如此特立独行，自然很难得到晋升，又因为请求朝廷赈济灾民，不被允许，反被记大过一次，心里很不痛快，最终骑着他的毛驴，辞官回家了。

"三绝诗书画，一官归去来"，标新领异的郑板桥以他卓绝千古的艺术成就和特立独行的为人为官之道，给后世留下了许多宝贵的财富，数百年来一直赢得人们的推崇和喜爱。

纪晓岚的智慧

清代文坛，有一位在正史和野史中都很炫人耳目的人物，他不仅在正统的史传中占尽风光，而且在民间也有很好的口碑；他不仅生前门生无数，佳话无数，而且死后还饮誉不衰，连皇帝都亲自为他撰写祭文和碑文。他的名字就是纪晓岚。

纪晓岚文情华瞻，是个对句奇才，留下了许多充满智慧的千古绝对：

纪晓岚

东当铺，西当铺，东西当铺当东西；南通州，北通州，南北通州通南北。

鼠无大小皆称老，鹦有雌雄都叫哥。

客上天然居，居然天上客；僧游云隐寺，寺隐云游僧。

读书好，耕田好，学好便好；创业难，守成难，知难不难。

寸土为寺，寺旁言诗，诗云：明日扬帆离古寺；两木成林，林下示禁，禁曰：斧斤以时入山林。

纪晓岚文思敏捷，诗词大胆创新，时常有惊人之语。曾经有位王翰林为母亲做寿，请纪晓岚当堂写祝寿词。纪晓

明

清

纪晓岚铭端砚

岚朗声道："这个婆娘不是人。"老夫人一听，脸色都变了，满座皆惊。纪晓岚不慌不忙念出了第二句："九天仙女下凡尘。"顿时全场活跃，甚至有人拍手叫好，老夫人也转怒为喜。接着纪晓岚道出他的第三句："生个儿子去做贼。"这一下，全屋哑然失色。不过，有前面的妙言，大家还是期待纪晓岚会说出最后一句惊人妙语。果然他说道："偷得蟠桃献母亲！"

还有一次，乾隆皇帝让纪晓岚在御扇上题写诗词。纪晓岚想这有何难，随手就题下了王之涣的《出塞》，原诗是这样的："黄河远上白云间，一片孤城万仞山。羌笛何须怨杨柳，春风不度玉门关。"不想纪晓岚写得太快，仓促之间漏了一个"间"字，乾隆一看，龙颜大怒："纪晓岚，你好大的胆子，为何欺瞒寡人！"纪晓岚先是一惊，继而很从容地说道："陛下息怒！臣题的不是出塞诗，而是出塞词。"接着便念道，"黄河远上，白云一片，孤城万仞山。羌笛何须怨，杨柳春风，不度玉门关。"乾隆一听，不得不赞叹纪晓岚的机智与文才。

纪晓岚文名极盛，甚至连朝鲜使节都远道而来向他求文求序，他一生为人作墓志铭、碑文、祭文、书后、序跋不计其数。乾隆皇帝也赏识他文才出众，学识渊博，因此授命他领修《四库全书》。

《钦定四库全书简明目录》

这可是一个浩大的工程！是中国历史上，也是世界历史上，规模最宏大的一部百科全书式的大丛书。纪晓岚和同僚夜以继日，苦心经营十三年，才将它完成。全书分经、史、子、集四大部，收书3461种，篇幅相当于明《永乐大典》的3.5倍。纪晓岚亲自撰写了《钦定四库全书总目提要》，论述各书大旨及著作源流，考辨文字得失，成为清代目录学的代表性巨著。同时，纪晓岚还奉诏在《钦定四库全书总目提要》的基础上，精益求精，编写了《钦定四库全书简明目录》，著录未收入《四库全书》的存目书籍6793种。《四库全书》的修成，对于搜集整理中华古籍，保存和发扬历史文化遗产，作出了重大的贡献，被称为文化史上的"万里长城"。

纪晓岚在编纂方面功垂千古，然而，很奇怪的是，这位才智超凡、学富五车的大才子、大编纂官，在私人文学著述方面却并不是很出众，著作不多，有名的只有《阅微草堂笔记》一部，虽然内容也比较广泛，但主要是妖怪鬼狐题材，叙述简单。这是为什么呢？这就不得不说说纪晓岚的生存智慧了。

才情冠绝一时的大才子纪晓岚为什么懒于著述？据他自己的说法，是因为看的古书实在太多，知道自己纵然是写些什么，也不能出古人之右，因此才主动放弃了著述的权利。这种解释实在荒唐。古往今来比纪晓岚读书多的大有人在，比如跟纪晓岚一样掌管史书的司马迁，比如与纪晓岚同年出生的曹雪芹，他们不是也没有"自惭形秽"反而写出了千古杰作吗？何况，以纪晓岚的见识，他完全应当知道，"江山代有才人出，各领风骚数百年"，艺术是没有樊篱的，因而也是不能穷尽的。所以，纪晓岚自述的理由完全是经不起推敲的搪塞之词，他之所以没有尽心著述成就真正的大手笔，明显是另有隐衷。联系当时的政治气候和文坛现状，这个原因其实也很简单，那就是：文化的高压政策，频繁兴起的文字狱，使得纪晓岚不得不采取"鸵鸟策略"，全身远祸，明哲保身。

清朝的文字狱是相当残酷的。据统计，整个乾隆朝一共兴起文字狱百余起，从乾隆四十二年（1777年）到乾隆四十八年（1783年）这短短七年间，

明

清

见于记载的文字狱就多达五十几起,几乎占到了总数的一半,而这正是《四库全书》编纂的时期。纪晓岚耳闻目睹同时代许多文人、同僚因文字惹祸,或丢官杀头,或全家被株连,不能不兔死狐悲,也不能不对文字望而生畏。因此,智慧的纪晓岚只好顾左右而言他,记点"花妖鬼怪"的消遣之事,或者干脆就什么也不写了。

纪晓岚晚年自号"观弈道人",并曾题《八仙对弈图》:"十八年来阅宦途,此心久似水中凫。如何才踏春明路,又看仙人对弈图?""局中局外两沉吟,犹是人间胜负心。哪似顽仙痴不省,春风蝴蝶睡乡深。"以超然局外的神仙铁拐李自喻,表达了对闲看世间风云变幻的向往。这不能不说是一种很有境界的生存智慧。

纪晓岚成功了,在清朝那种文化高压的时代,他这个最有文化的文化人却得以高官厚禄,颐养天年,活到81岁,纪晓岚是幸运的。纪晓岚又是不幸的,如果换一个环境,换一种活法,或许,这个百年难遇的文化精英,能给后人留下更多独特的文化营养。

疾风劲草

明清

郑和为什么要下西洋

朱棣

郑和战船模型

说起来你也许不信,郑和第一次下西洋,带着将近三万士卒的庞大船队,起因很可能只是为了寻找一个人。

寻找谁呢? 一个失踪了的皇帝。

皇帝怎么会失踪? 这就要从历史上著名的永乐皇帝朱棣说起了。

明朝开国皇帝朱元璋去世后,继位的是他的皇太孙建文帝朱允炆。这就引起了他的四儿子朱棣的不满,因为朱棣可不是一般的皇子,他酷爱军事,深谙谋略,在朱元璋的几十个儿子中,就他和父亲最像。可朱元璋虽然赏识这个儿子,立储时却未考虑他。朱棣气不过,干脆一不做二不休,起兵强夺了侄子的皇位。待他打到明朝前期的都城南京时,皇宫内不知谁放了一把火,大火熄灭后,怎么也找不到建文帝的遗骸。传说建文帝早就担忧叔叔们造反,因此在皇宫挖了密道,放火后从容地从密道逃走了。

从此,这就成了永乐皇帝的一块心病。毕竟他的皇位来路不正,万一有人利用建文帝前来声讨,要求复位,那就麻烦了。因此,找到活着的建文帝

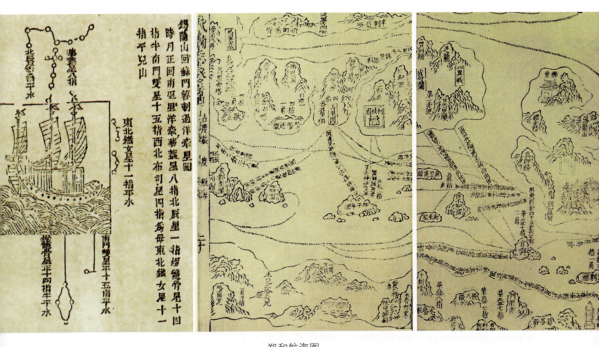

郑和航海图

或他的尸骨，就成了永乐皇帝从不说出，但一直是重中之重的固国大计。他一即位，就打发心腹太监胡濙手持密诏，前往各地搜寻，但一直未果。他就想，建文帝是不是逃到海外避难去了呢？明朝在夺取江山攻打陈友谅的军队时，吃过战舰不如对方的大亏。后来打败了陈友谅的军队，全盘吸收了他们制造战船和航海的先进技术，并在建国后不久，借助强大的国力建立了当时世界上最强大的水军。所以，建文帝外逃的这种可能性太大了。

终于，在朱棣即位后第三年，即1405年7月11日，中国历史上最伟大的远航计划启动了。

等了三年才来做这件事，足见朱棣的韬略和隐忍，也注定了这次远航能够名垂青史。因为这时已万事俱备。

"宣扬国威，君临友邦，宾服四海"，是这次远行的名目。出海远航，需要花费大量的银子，没有名正言顺的名目，在大臣和百姓那里不好交代。面对自己发动的长达三年的内乱，朱棣登基伊始确实需要时间来恢复国力，并让人民看到他治国安邦的能力和威风。借助远航，他不仅要使国民心悦诚服地拥戴他，还要叫外国也来朝贡他。

宣扬国威，没有一点足以服人的本领，没有深谙人情世故又懂得随机应变的能力，没有一点国际视野和相关的文化背景，没有政治家的头脑、军事家的谋略、外交家的机智，没有领航掌舵的航海家的决断，恐怕出海远洋能保住性命就算大幸。因此，朱棣花了很长的时间来确定这样一个人才。更重要的，这个人还必须绝对忠诚可靠，是自己的心腹，否则秘访建文帝下落的重任怎能托付于他？而这个难得的"复合型人才"就是郑和。

郑和，原名马三保，出生在内陆云南（当时还没有臣服明朝）的一个世家，却自幼热爱航海。这么个极冷门的爱好是怎么形成的呢？原来，他的祖父和父亲都信奉伊斯兰教，他从小耳濡目染，也成了一名虔诚的伊斯兰教信徒。而所有的伊斯兰教徒心底都有着一个最大的愿望——去麦加朝圣。去过麦加的祖父和父亲，经常对马三保讲述那朝圣途中破浪远航、跋山涉水的惊险经历和万里之外、异国他乡的奇人异事。这些都深深影响了他，使他喜欢上了航海，主动学习航海知识，了解异域风俗文化，幻想自己将来驾船前去朝圣。

可是命运弄人，洪武十四年（1381年），傅友德、蓝玉奉朱元璋的命令，远征云南，仅用了半年时间就平定了云南全境。战后，很多儿童成为战俘，按当时的惯例，他们全都被残忍地阉割。而年仅11岁的马三保正是这些不幸孩子中的一员。从此，这个少年开始跟随明军征战四方。北方的风雪，大漠的黄沙，使他童稚褪尽。五年后，当时还是燕王的朱棣，一眼就看中了这个沉默寡言却又目光坚毅的少年，并挑选他做了自己的贴身侍卫。从此马三保就跟随朱棣左右，成了朱棣的亲信。在兵变郑村坝之役中，朱棣采用他的计策，连破李景隆七营，大败政府军，于是更对这个贴身侍卫刮目相看。永乐元年（1403年），朱棣登基后，立刻封马三保为内宫监太监，这已经是内宫的最高官职。次年，朱棣又给予他更大的荣耀，为奖励他的忠心追随和在郑村坝立下的大功，特赐姓"郑"。之后，他便改名为郑和，人们讨好他，就称他为"国姓爷"。殊不知在这些荣宠背后，其实还有朱棣的政治目的——为任命郑和做远洋总指挥解决级别和威望问题。

郑和远航，前往的国家虽说都是番邦弱国（当时大明王朝上下的一致看法），但既然是宣扬国威，就总得有点足以震慑对方的东西。具体说来，那就是这样几项——

人员。卓越的统帅，外加政治可靠、军事过硬、头脑灵活的精锐水陆两栖部队27800余人。这个数字，早已超过当时许多小国的举国兵力，而且，这支名为船队实则是混编舰队的水军，还装备有当时世界最先进的火炮和火枪，其战斗力远超过一般水军。这当然不是为了打仗，而是为了必要时的武力威慑。毕竟这一路上还要考虑到海盗、不臣服的番邦等多种因素，而事后也证明这是多么必要。

船队。据史料记载，当时郑和的船队中最大的"宝船"（相当于旗舰），"长四十四丈四尺，阔一十八丈"！类比当时情形，不亚于今天的航母。其他的运输船、战船、联络船等也一应俱全。总船数在240艘左右，仅像"宝船"那样的大船就超过40艘。

物资。既然是展示大明实力，那金银珠宝、古玩器具、奇珍异品，就统统装上了船。这样才能叫物产丰饶，慷慨大度，才能保证外邦对大明朝俯首帖耳，不敢有丝毫的不敬和邪念。当然，明朝的土特产如丝绸、瓷器、茶叶等，也悉数装载，这是为了在途中进行交易，贴补航海费用。

就这样，一场以寻人为起因的出海，在组织、完善的过程中，演变为一次以政治、外交附带对外贸易为目的的综合性远航。

结果还真没出什么意外。郑和宝船上的宝物，变成送给每一个被访国王的"礼物"，并且许多国家也都派使者或皇帝亲自出马，带上本国的特产珍奇，组成庞大的使团，乘郑和宝船来到明都"进贡"。这些外国使者来中

明

清

国后，过些时日还要郑和送他们返回，并将带回更多的"礼物"。所以，永乐年间，海外朝贡国家由洪武年间的几国，增至三十多国。永乐皇帝死后，下西洋活动停止了若干年，以前的朝贡国就不来了。宣德五年闰十二月（1431年1月），明宣宗希望有外国来朝贡，又举行了第七次西洋之行。

郑和下西洋的壮举，确实起到了宣扬国威的效果，一百多年里明朝一直海清河晏，天下太平；而且这也让大明君臣见到了一些海外特产，如"瑞兽麒麟"（其实就是长颈鹿），长了点见识。不过，它却没有给明朝国民带来多少实际利益，相反还给国家增加了沉重的财政负担。对比六十多年后的达·伽马、哥伦布，他们发现的是利润无穷的贸易商机，从而引发了资本的原始积累，使西欧诸国纷纷效仿，迅速进入资本主义文明时期。同样一件事，却产生不同的结果。这大概就是看世界的眼光不同吧！

郑和七下西洋后再无后继。可惜了这样一位人才，在其后四百多年历史里，再无郑和！

太监是如何干政的

太监就是宦官，他们为皇帝及其家族服务，也只为这些人提供服务。换句话说，即使是富可敌国的商人，或者是一人之下万人之上的一品大臣，想找个太监给捶捶腿、端个茶也是不行的。

宦官称"太监"，是隋唐以后的事，当时只有地位较高的内监才被称为"太监"。然而，到了明代，宦官权势越来越大，人们就把所有的宦官都尊称为"太监"了。

"三保太监"郑和

一提到太监，大家一定立马想到中性人、不男不女、不长胡子、说话尖声细语等等不好的词。其实，在先秦和西汉时期，宦官并不全是这样的，有一部分也是正常的男子。到了东汉开始，才要求当太监必须先做手术。原因很简单，皇帝的后宫里佳丽万千，很多人可能一辈子也见不着皇帝，而和这些漂亮女子朝夕相处的往往就是太监，如果不采取必要的措施，后宫秩序混乱不提，关键是那个年代还没有DNA检验技术，皇帝根本无法确保皇子、公主是不是自己的亲骨肉。为了从源头上杜绝这种混淆龙脉的现象，太监才成了不男不女的怪样子。

有"立皇帝"之称的宦官刘瑾

古画中的宦官形象

太监由于过分靠近权力最高点，干政就变得比一般人要容易。明朝是宦官当权最严重的时期，以至于被称为"宦官王朝"，其中宦官王振、魏忠贤可谓臭名昭著。

为什么太监势力超常庞大是在明朝？原来，明太祖朱元璋非常忌讳权力被别人抢走，所以明朝是唯一一个没有设丞相的朝代（明初曾设丞相，但很快废止）。朱元璋考虑到前朝宦官专权的弊端，在宫门外挂了一块铁牌，上写着"内臣不得干预政事，预者斩"，还严禁宦官读书认字。在明朝初期，太祖的这些做法的确起到了一定的作用。但是我们不能忘了，朱元璋也只是普通人，普通人就会面临死亡，当他不在了，之前的那些制度和规矩还能不能继续被执行、被遵守呢？

事实证明，后来的君主很显然是违背了太祖的意愿的。这里首先要提到的还是明成祖朱棣。朱棣是通过非正常途径从自己的侄子朱允炆手中抢来皇位的，也就是我们通常说的篡位。其实，当朱允炆登基时，朱棣并不在京城，作为藩王的他其驻地离京城还有不小的一段距离。在他起兵夺位的过程中，实则是得到了宦官的支持，即位后他的反对派很多，所以宦官依旧受到重用。至此，宦官不再成为皇帝需要防范的族群，很多时候倒成为皇帝用来对付文官

明朝特务机构锦衣卫之印

集团的工具，也就是说宦官在一定程度上被皇帝视为自己人。

明朝的文官集团也实在太庞大，他们可以对皇帝的言行作出评判，而且态度不算恭敬。皇帝也是人，需要被人尊敬，何况他还是享有至高权力的人，面对文官集团的指责当然不高兴了。所以，皇帝就需要找人来对付他们。经常出现在眼前的宦官，往往能勾起皇帝对小时候的美好回忆。从小和自己一块儿玩蚂蚱、天天侍奉自己穿衣进食的太监们，个个看起来都对自己言听计从，不如就用他们来对付文官集团吧。

有了皇帝撑腰，太监们想参个政、议个事就容易多了。明英宗时，宦官王振很是得宠，被任命为司礼监太监。这个职位掌管着皇帝的印鉴，替皇帝整理各类奏章。古代社会交通不便利、通信不发达、信息不公开，皇帝多通过地方上呈的奏折了解当地的政务情况，这些奏折都要先经过司礼监太监初选，然后分轻重缓急呈报给皇帝。皇帝看什么不看什么，先看什么后看什么，实际就取决于司礼监太监。明朝无形之中已把最重要的事务交给了太监。前面讲过，朱元璋交代了不让太监读书识字，司礼监太监怎么能够处理这么重要的事情呢？其实，在明宣宗时期，太监就可以读书识字了，当时在皇宫内设有内书堂，派大学士教年幼的宦官文化知识，所以，从那以后，宦官中的文化人就很多了。

既然委派宦官处理这么重要的政务，那皇帝都在做什么呢？明朝中后期的皇帝大多昏庸无能，而且还很懒，不处理朝中政务，又不信任文官集团，对他们怀有很深的芥蒂，所以大权慢慢地落入了宦官手中。人称"九千岁"的魏忠贤可以随意任免部长级别的官员，同时掌握经济大权，派出亲信监督各地的税收工作，乘机四处搜刮民财。他还控制明朝的特务机构，想干掉谁轻而易举，哪怕是看着不顺眼都可以迅速把人家抓起来。

宦官专权给人民带来了极大的痛苦，也加速了明王朝的灭亡。

明

清

朝廷为什么忌讳白莲教

《大明律》

熟知历史的朋友，对以下名字可能不会陌生：韩山童、刘福通、唐赛儿、赵全、徐鸿儒……即使不知道这些人，至少知道朱元璋吧。他们都和两个关键词相关——造反，白莲教。

清嘉庆元年（1796年）爆发于川楚陕边境地区的白莲教起义，波及川、楚、陕、豫、甘等省，历时九载，是清代前期规模最大的一次农民战争。难怪朝廷谈白莲教变色，风闻有白莲教，便立即采取果断措施进行剿杀。

这一点，朱元璋自然最有发言权了。他最初就是投靠郭子兴——韩山童、刘福通领导起义的白莲教的一个支部，然后借助这支义军，披荆斩棘，建立了大明王朝。"大明王"就是韩山童的封号，最后由朱元璋继承。

借助白莲教可以夺取一个王朝，这个组织够可怕的吧？朱元璋对此心知肚明，因此当他坐稳了皇位后，接着就在《大明律》中明确规定取缔"左道邪术"，解散全国的白莲教，宣布再以白莲教为名义进行活动就是非法。

白莲教，今天的青少年已经很少有人知道它了，只能从文学作品、影视作品、民间传说中模模糊糊地看到一点它的影子。那么白莲教究竟是一个什么样的宗教组织呢？

有人说，白莲教最初称摩尼教。本是波斯人摩尼所创，唐武则天时传入中土。因教义崇尚光明，又称明教。更多的人则认为，白莲教源于佛教净土宗的弥陀净土法门，得名于5世纪初东晋庐山慧远和尚的白莲社。南宋昆山人茅子元创立白莲宗，即白莲教。该教崇奉阿弥陀佛，相信只要口念阿弥陀佛，死后即可"往生"西方极乐世界。茅子元依据弥陀经典，编写了《弥陀节要》，宣扬"念念弥陀出世，处处极乐观前"，认为弥陀、净土乃是修行者明心见性的产物。白莲教的戒律，要求教徒做到三皈（皈佛、皈法、皈僧）、五戒（不杀生、不偷盗、不邪淫、不妄语、不饮酒），主张素食，故其教徒也被称为"白莲菜人"。正统的天台宗僧侣，如志磐在《佛祖统纪》中把明教、白莲教和白云宗统称为"事魔邪党"，认为他们假借佛教之名，诓骗百姓，可见对这些民间组织是不认可的。

白莲教在宋代之前就已经传到北方，因为教徒成分混杂，时常有人借教生事，在宋朝一直受到打击，没有什么发展。13世纪初叶，元太祖成吉思汗命其后裔给各种宗教以平等待遇。这样，在元朝统一全国后，白莲教就获得了极大的发展，南北香火都很旺盛。但自从至元十七年（1280年）江西都昌白莲教徒杜万一利用白莲教组织武装起义，之后此类情况屡有发生，终于导致该教派在元武宗时被禁。元仁宗时虽有所恢复，但仍受到官府歧视，而其在民间的信徒则愈来愈多。

白莲教主在宣教时，与明教、弥勒教，甚至道教互相渗透。如元末红巾军起义前，南北白莲教主都宣传"弥勒佛下生"，韩山童则宣传"明王出世"。他们力图使饱受苦难

三千洞，白莲教的一支人马被清军杀害于此

069

白莲教起义浮雕

的民众相信，一旦弥勒佛降生、明王出世了，就能迎来光明的极乐世界。清入关后，白莲教徒以反抗为己任，倡言"日月复来"，举起反清复明的旗帜，从而遭到清朝镇压。

可见，白莲教只是一个民间的、组织并不系统严密的宗教团体，很少得到过朝廷的许可与认同。然而由于它基本没有什么入教门槛，"三皈"、"五戒"执行起来又很简单，也不需要固定场所，不举行特定仪式，夜聚朝散，"五戒"对底层民众的日常生活基本没有影响。因此，那些生活贫苦、孤立无援的百姓就很容易受到宣教者的蛊惑，从而获得一种精神上的归属感和生活的信心，因此白莲教门徒极广，容易受人利用来敛钱聚财、左右舆论，甚至像"黑社会"帮派那样为非作歹，以致成为势力不可小觑的民间组织。朝廷视之为社会不稳定因素，犯忌讳就很自然了。

从白莲教的历史可以看出，只要朝廷真正关心民生，民意能够得到关注，百姓的困惑、困难可以得到解决，那么用不着取缔，白莲教也会失去市场。极少数笃信宗教的人，完全可以许其信仰自由，也不可能给社会带来多大的危害。

所以在政治日益开明的今天，不仅白莲教几乎没人知道了，许多历史久远、流传很广的宗教，也仅仅只留下了一个名称、一点大概的宗教外在形式和禁忌而已。

最冤的牢狱——清朝文字狱

《还珠格格》想必很多人都看过,里面讲到乾隆皇帝是萧剑和小燕子的杀父仇人。乾隆皇帝为什么杀了萧剑和小燕子的父亲方之航呢?因为文字狱。或许,所谓的杭州知府方之航只是一个文学人物,在历史上并不存在;但文字狱之于清朝,却的确是一段真实的残酷的历史。

文字狱,顾名思义,就是因文字的缘故所造成的牢狱。清代的文字狱,是在其政权基本稳定以后,随着统治者对思想文化控制的加强而产生的。它始于康熙,发展于雍正,到乾隆时期达到登峰造极的地步。

清代文字狱之多,有其特殊的历史因素。李自成推翻明朝,吴三桂引清军入关,后来清统一中国,可谓渔人得利。清朝统治者以少数民族身份入主中原,违背了古代千百年来形成的华夏正统思想,为汉族传统观念所不能接受。汉族知识分子所具有的强烈的民族思想和反清意识,大量地反映在明末清初的各种著述里,四处流传,影响深远。这对清朝统治者来说,无疑是一种威胁,使他们坐卧不安。为巩固清朝的统治地位,

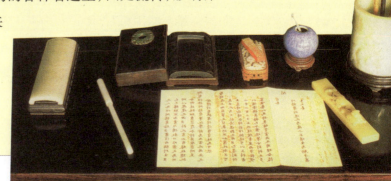

皇帝批阅的奏折和使用的文房用具

朝廷对汉族反清思想防范唯恐不严，打击唯恐不力，到乾隆时更发展到了病态的猜忌和恐惧，必欲彻底泯灭汉人的民族意识和民族气节而后快。对一切文字著述，只要清朝统治者认为触犯了君权，或者有碍统治的，便一律视为"狂吠"、"异端"、"悖逆"，必兴起大狱，往往一案株连数百人。

康熙二年（1663年），清代文字狱的第一桩大案——庄廷鑨明史案惨烈地拉开了序幕。庄廷鑨家是浙江湖州有名的富户。他本人双目皆盲，并不特别通晓史事，但他想起"左丘失明，厥有《国语》"，很受鼓舞，也想学左丘明撰一部传世的史作。于是他出钱购买了当地名流明末大学士朱国祯写的一部未完成的《明史》，又招集当地有志于纂修明史的人才，补写崇祯朝和南明史事。在叙及南明史事时，仍然信奉南明的正统，不承认清朝的正统地位。书中还提到明末建州女真与明朝的关系，这是清朝统治者极为忌讳的事。这部《明史》刊刻后，被一个因贪赃而撤职的知县吴之荣看到，便买了一本去恐吓庄廷鑨的父亲（此时庄廷鑨已死），却被顶了回去，因为庄父早已买通当地官府，有恃无恐。吴之荣一气之下，告到了北京。清廷自然十分重视，严加查办。庄廷鑨依照大逆律被剖棺戮尸，庄氏全族和为此书写序、校对以及买书、刻字、卖书、印刷的共70余人被杀，还有几百人充军边疆。

雍正六年（1728年），湖南书生曾静、张熙策动手握兵权的四川总督岳钟琪谋反而引发的吕留良案，成为雍正在位期间的第一大案。吕留良是明末清初著名理学家，浙江石门人。他所写的诗文和日记中，有大量激烈的言论。他在评选科举

"明史案"本末卷

072

考试的墨卷时，发挥了儒家"夷夏之防"的思想，阐发民族大义，严重地违背了清廷"天下一统，华夷一家"的初衷。在评选时文时，吕留良主张首先要分清是"华"还是"夷"，然后才能讲君臣之间的伦理关系。曾静读了吕留良评选的时文，由"夷夏之防"推出了清朝入主中原是"夷狄盗窃天位"的结论，并导致了反清的实际行动。吕留良早死，曾静与弟子张熙因受其思想影响，列举了雍正皇帝的九条罪状，劝岳钟琪反清，结果岳钟琪密报朝廷，将吕留良的家属、师徒，以及其他与此有关的人员一律治罪。死者戮尸，活者斩首，受牵连者或杀或流放，或发配为奴，轻者也被杖责。清廷还在第二年，将吕留良、曾静等人所著之书及其言论和历次所下谕旨，合订为《大义觉迷录》，颁行天下，以示警戒，并让曾静、张熙亲自到东南各省学府宣讲，当众认错，以消弭文人的反清情绪。

乾隆中期，形成了一个文字狱高潮。1750年，出现了轰动一时的伪造孙嘉淦奏稿案。孙嘉淦历任左都御史、吏部和刑部尚书及直隶总督、湖广总督等要职，以敢于直言进谏著称，声望很高。7月，江西千总卢鲁生与守备刘时达合谋，假托孙嘉淦之名，编造了一个指责乾隆皇帝错误的奏稿，以耸动人心，制造舆论，制止乾隆的首次南巡。1751年6月，假奏稿流传到云南时被乾隆发现，由此顺藤摸瓜，开始了全国范围的追查伪稿作者的行动，结果发现全国18个省都在暗中流传伪稿，甚至统治阶级上层人物也牵涉其中，尤以湖广、江西为多。乾隆感

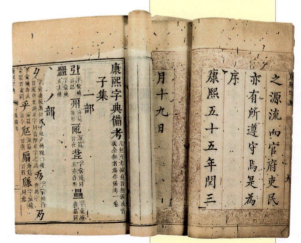

《康熙字典》

明清

到再追查下去弊多利少，便下令将卢鲁生、刘时达处死，停止追查，草率结案。

因为这一教训，乾隆决心大力强化对思想意识的控制，于是雷厉风行地展开了查办禁书运动。所查禁书范围之广、年代之长，是历史上少见的，因其牵出的文字狱数量也多得吓人。

1777年，江西新昌举人王锡侯注改《康熙字典》，因对乾隆的名字"弘历"二字没有分析颂扬，就被定为"大逆"之罪。巡抚海成奏请革去王锡侯举人功名，乾隆认为惩罚太轻，指责海成包庇罪犯，拟斩监候（意为判处死刑缓期执行），布政、按察诸使都被革职。次年，东台县令告发本地举人徐述夔所作诗句中有"大明天子重相见，且把壶儿搁半边""明朝期振翮，一举到清都"等句，乾隆认为其诗有"兴明朝，去清朝"之意，下令将徐述夔及其子戮尸，并将其孙解京正法，诗集销毁，当地藩司陶易等连坐下狱，为徐诗作序的已故礼部尚书沈德潜也被戮尸。

其实，不少文字狱完全是牵强附会，望文生义，捕风捉影。最冤枉的一个例子是：有一次翰林官徐骏由于粗心，在奏章里把"陛下"的"陛"字错写成"狴"（音同）字，雍正帝见了，认为大不敬，马上将其革职。后来再派人一查，在徐骏的诗集里找出了几句诗："清风不识字，何故乱翻书""明月有情还顾我，清风无意不留人"，于是挑剔说这"清风"就是影射清朝，这一来，徐骏犯了诽谤朝廷的罪，把性命也送掉了。

由于文字狱过于严酷，许多文人"以文为戒"，生怕一不小心触犯忌讳，所以诗不敢作，文不敢写，即使写出来，大都言不由衷，词不达意，晦涩难懂。乾隆时御史曹一士曾上疏说："比年以来，小人……往往挟持睚眦之怨，借影响之词，攻讦诗书，指摘文字。有习见事生风，多方穷鞫，或至波累师生，牵连亲故，破家亡命。"这便是当时恐怖的现实。

清代文字狱是封建专制主义空前强化的产物，其根本目的是要在思想文化上树立君主专制和满洲贵族统治的绝对权威。它是文化的浩劫，给百姓带来了无穷的灾难，在当时阻碍了中国社会的进步和发展。

中国热兵器落后之谜

鸦片战争中的虎门之战

数万中国将士，手持大刀长矛，英勇无畏地冲向敌人。忽然，在隆隆响声中一颗颗带着烟尘的东西呼啸着从空中飞来，落地或将要落地时再一声巨响，腾起一大团火焰和烟雾，飞散出无数的弹片，接着中国士兵成片地倒下。冲锋没有因此而停止，中国人继续向敌人靠近，突然他们发现几百米前出现了一批队列整齐的军人，前排刚一半蹲，就是一阵连珠般的枪响，一颗颗子弹飞也似的射来……后面的将士再次冲杀，敌方第二排军人又照样蹲下，重复前一排军人的动作，往后就一直循环往复。数十倍于敌人的中国部队再勇猛无畏，却无法真正靠近敌人，反而成了敌人的活靶子。

这就是鸦片战争中最典型的一幕。

相信每一个中国人看到此情此景，无不痛心疾首。战争中武器的重要性不说大家也能明白。兵器落后太多，这仗就根本没法打。可是，我们不禁要问：火药不是中国人引以为豪的四大发明之一吗？为什么中国人自己不能够在兵器上保持领先呢？

回答这个问题，首先就要从现代热兵器的历史说起。因为枪炮一类的兵器，并不仅仅依靠弹药，而弹药也并不是我们祖先发明的火药那么简单。

中国人早在9世纪初就发明了火药，在10世纪初就将其应用于战争，12世纪起更是大量使用。宋朝作战时曾大规模使用同日出弩火药箭、弓火药箭、蒺藜炮、皮火炮等；发明并装备了火铳（单兵持有的小型手铳）、铳炮（轻型火炮的前身）的蒙古铁骑更是横扫欧亚大陆。

明朝在战火中建立，自然对火器在战争中的作用有更深切的体会，而建国后元末残余势力的威胁更是刺激了火器的发展。那时人们发明了多种"多发火箭"，如可同时发射10支箭的"火弩流星箭"，可发射32支箭的"一窝蜂"，最多可发射100支箭的"百虎齐奔箭"等。燕王朱棣与建文帝的部队战于白沟河时，就曾使用了"一窝蜂"。这是世界上最早的多发齐射火箭，堪称现代多管火箭炮的鼻祖。在永乐年间，明朝还组织了世界上第一支火器部队——神机营，装备的主要就是火铳、铳炮。

明朝中期，外患消除，火器失去了用武之地，停滞发展达百年之久。直到嘉靖皇帝1522年即位，明军在广东西草湾缴获了三艘葡萄牙战舰以及船上的舰炮，即"佛朗机"，这是欧洲的火绳炮第一次传入我国。此后，倭患严重，"佛朗机"不仅被广泛用于对外战争，还被明朝当局不断改善，出现了多管和多发式火铳炮。1548年，明军在沿海对倭寇作战时，缴获了一些火绳枪（又叫鸟枪），后明朝兵仗局仿制火绳枪，并将其改造成了多管和多发式，1558年制造了一万支火绳枪装备明军。四十年后，赵士桢又成功仿制了奥斯曼土耳其帝国的噜密铳。这种新型火绳枪比之鸟枪，具有威力更大、分量更轻两大优势，因此，很快就被明朝大量仿制并装备于军队，在后来的抗倭援朝战争中让日本人吃尽苦头。

水战中使用一种叫"火龙出水"的火器。据《武备志》记载，这种火器可以在距离水面一米有余的高度飞行，射程超过一千米。这种火器用竹木制成，在龙形的外壳上缚四支大"起火"，腹内藏数支小火箭，大"起火"点燃后推动箭体飞行，"如火龙出于水面"。火药燃尽后点燃腹内小火箭，从龙口射出。击中目标将使敌方"人船俱焚"。这恐怕是世界上最早的二级火箭雏形。另外，该书还记载了"神火飞鸦"等具有一定爆炸和燃烧性能的雏形飞弹。"神火飞鸦"用细竹篾绵纸扎糊成乌鸦形，内装火药，由四支火箭推进，它与今天的大型捆绑式运载火箭的工作原理很相近。当时还有一种类似于今天水雷的武器，预先布设在敌船必经水面，一触即发。这些武器都在万历援朝海战中发挥了重要作用。

清朝康熙年间，我国出现了一位天才火器研制家——戴梓。他发明了"连珠火铳"。这种火器应该是连扳连射的燧发枪，每装填一次，可连续射击28发弹丸，提高了射击速度。他还于1690年改进了红衣炮（明朝从葡萄牙人手中购买并仿制，在当时是威力最大的火炮，原称"红夷炮"，清朝讳"夷"改名为"红衣炮"），研制

明

清

出威力更大的威远将军炮（即"子母炮"），并大量装备军队。在平定噶尔丹的战争中此炮起了关键作用。

康熙五十四年（1715年），山西总兵金国正上言愿捐造新型的子母炮22门，分送各营操练，结果康熙皇帝认为战争威胁已经解除，竟然禁止地方官自行研制新炮。中国的枪炮知识和技术开始传承失调。

嘉庆四年（1799年）官方曾改造160门明朝的"神枢炮"，并改名为"得胜炮"，经试放后发现，其射程还不如明朝的"神枢炮"。可见，清朝的枪炮技术已经倒退到明朝了。

此前，中国的火器一直领先于或者大体持平世界水平。其间使用的弹药就是中国人发明的黑火药。它作为枪炮的发射药，只能适用于中世纪那种力量有限的原始火器，如火枪、火铳、滑膛枪炮，不适用于后膛步枪、机枪等近现代枪炮。而中世纪火器跟近现代枪炮也完全是两种概念的武器，它们在原理、技术、制造加工上都完全不同。其杀伤力靠的是火药发射出去的弹丸和火药弹的燃烧功能，火药的爆炸性能极其有限。早期前装滑膛枪并不比十字弓威力大多少，而且长期与弓弩等共存并用。

现代弹药起源于1771年。当时英国人沃尔夫合成了苦味酸，这是一种黄色结晶体，最初作为黄色染料使用（这说明其产生并没有受到所谓"黑火药的影响"，而是偶然发现的，这也是"黄色火药"名称的由来），后来发现了它的爆炸功能，19世纪被广泛用于军事，用来装填炮弹。它是一种猛炸药，作为发射药使用的黑火药被淘汰了。随着建立在近代化学基础上的无烟火药、双基火药、雷管、TNT等的发明，建立在近代物理和机械制造上的击针枪和线膛枪炮的出现，才产生了真正意义上的兵器革命，于是就有了现代意义上的兵器。

了解了这段历史，我国热兵器最终落后的原因渐渐清晰。现代热兵器以化学工业、物理学理论与实践、机械制造业等现代化的科学技术和产业为基础，伴随着战争而发展。在没有战争威胁的国度和时期，兵器的进步基本是纸上谈兵。清朝成功地消除了国内大规模战争的威胁后，一直以天朝大国、地大物博自居，实行闭关锁国的落后治国方针。我国古代历来注重农耕，不注意发展工业，歧视、限制工商业，科学技术、发明创造被视为"奇技淫巧"而遭到排斥。统治者对中国之外的世界知之甚少，甚至根本不愿意搭理。对比西方，其工业革命带来的竞争和社会飞跃发展，使他们不断寻求资本扩张的殖民地，对外侵略和掠夺成为他们时刻考虑的问题。战争手段就是捷径，兵器发展成为首选，而工业基础又为此创造了条件。因此，中国兵器落后只是诸多落后中的一种。

值得一提的是，兵器的进步并不是人类的福音，丝毫不值得骄傲。然而兵器落后的结果却促人梦醒，也促使人们去思索：在这个世界上，战争是不是如同细菌一样不可消除？人类该如何谋求和平发展之路呢？

明

清

长城，帝国的童话

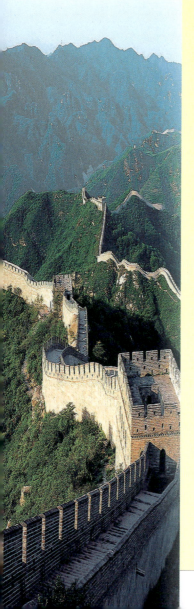

起春秋、历秦汉、及辽金、至元明，上下两千年。数不清将帅吏卒，黎庶百工，费尽移山心力，修筑此伟大工程。坚强毅力、聪明智慧、血汗辛勤，为中华留下巍峨丰碑。

跨峻岭、穿荒原、横瀚海、经绝壁，纵横十万里。望不断长龙烽堠、雄关隘口，犹如玉带明珠，点缀成江山锦绣。起伏奔腾、飞舞盘旋、太空遥见，给世界增添壮丽奇观。

这是古建筑学家、文物保护专家罗哲文先生为长城拟写的一副对联。这副对联用凝练的文字，概括了中国长城的历史沿革、地理位置、形制状貌、修建人员、作用意义，赞美之情溢于言表。

不过，这副赞美长城的对联却只字未提长城的基本功能——军事防御，仅突出了它的审美效果和人民工程的意义。其实，长城最早就是为了进行军事防御而修筑的工事，是城镇、城墙的延伸。在冷兵器时代，一座坚固的城墙能够起到"一夫当关，万夫莫开"的效果。

古代中华帝国的"敌人"多是远居"蛮夷之邦"的

北方游牧民族。由于地理条件限制，文明程度相对落后，他们只能以畜牧业为主。他们想要改善生活质量，获得中原地区丰富多样的工农业产品，最简单的方式就是抢劫。游牧民族个个能骑善射，以步兵为主的中原军队，对他们的闪电突击常常束手无策，骑兵素质也很难与他们匹敌。唯一能有效抵御骑兵攻击的，就是高高的城墙了，除非入侵的骑兵能长翅膀，否则别想随意过界抢劫。赵国名将李牧就曾利用长城长期守边养兵，使匈奴无计可施；等兵精粮足足以对抗匈奴之后，仍以长城为攻守据点，一战扬威，十余年匈奴都不敢再靠近赵国长城。

于是，修长城—御外侮—保平安，实践加教育，因果浑然一体，成了毋庸置疑的真理。明朝夺取了蒙古人的政权，蒙古人退守北漠后一直梦想复国，所以修建长城就成了明朝首要考虑的基本战略。后来，强大的明军彻底摧毁了蒙古人的抵抗意志和能力，国家空前安定，国力空前强大，仗是不用打了，这时朝廷就开始考虑该如何安置那些守边的将士了。

首先，按照祖制这些将士不能改行，国家的边防也还要有人守，但除去这批人，还是有大量军队闲赋。一来他们要消耗粮饷，二来也怕日久生异心，对国家总是一颗定时炸弹。最好的办法，就是派这些劳动力去修长城，既可以筑起牢固的工事，又可以以此考评将士的功业。就这样，由皇命诏告天下，举国上下一致拥护，达成了空前的共识。

长城发展到明朝，已经不只是一道单独的城墙，而是由城墙、敌楼、关城、墩堡、营城、卫所、镇城、烽火台等多种防御工事所组成的一个完整的防御工程体系。这个体系，由各级军事指挥系统层层指挥、节节控制。明长城防线上分设了九个军事管辖区，沿线约有100万的兵力分段防守和修缮。总兵官平时驻守在镇城内，其余各级官员分驻于卫所、营城、关城和城墙上的敌楼、墩堡之内。

仅以城墙为例，就可以让人明白修筑长城是多么浩大的工程了。城墙是长城工程主体，分为砖墙、石墙、夯土墙、铲山墙、山险墙、木栅墙、壕垣等类型，随位置重要程度、地形平险、取材难易而不同。铲山墙指将天然山体铲削成陡立的墙壁，山险墙一般依靠峻峭的山脊用砖石垒砌，木栅墙指树林中的木栅栏墙，壕垣指挖掘壕堑后于一侧培筑土垣。城墙断面下大上小呈梯形，高厚尺寸也随形势需要而异。城墙顶面，外设垛口，内砌女墙，也有两面都是垛口的，如北京慕田峪长城，以显示军事控守地位的重要。其他配套建筑，如敌楼、关城、墩堡、营城、卫所、镇城、烽火台，都要驻守军民，构建一个相依相辅、层层节制的体系，其工程之复杂与耗时之久可想而知。

不过，智慧温良的中华子民既然有了明确的使命，自然不遗余力全心投入，这就势必能创造出奇迹。长城如此，都江堰、大运河、圆明园……无不如此。而且，各边镇还比学赶超，将长城作为当地的政绩工程，殚精竭虑。皇帝看了也龙颜大悦，粮食、奖金、升职、嘉奖……皆大欢喜。于是，大家更加孜孜不倦地修长城。在今天的长城遗址，有的关门还雕龙刻凤，图案精美，颇具艺术价值。当时修长城的官民心态，由此可见一斑。

这真是一个在理论上无懈可击的军事防御体系，设想周密完备，制度健全完善，施工穷尽智慧，一丝不苟。许多墙堡遗迹历经千年依旧巍然屹立。

嘉峪关

有关明长城的数据，国家文物局和国家测绘局经过近两年的调查与测量，终于在2009年4月18日首次公布：其东起辽宁虎山，西至甘肃嘉峪关，行经十个省（自治区、直辖市）的156个县域，总长度8851.8千米。其中，人工墙体的长度为6259.6千米，壕堑长度为359.7千米，天然险长度为2232.5千米。难怪1685年康熙皇帝的科学老师南怀仁神甫说："世界七大奇迹加在一起也比不上中国的长城，欧洲所有出版物中关于长城的描述，都不足以形容我所见到的长城的壮观。"法国启蒙运动领袖之一伏尔泰的《风俗论》称长城不论"就其用途与规模来说"，都是"超过埃及金字塔的伟大建筑"。

不同的声音则来自法国旅行家波伏瓦侯爵，他说："这竟是人的工程，恍如出现在梦境中……如果有人在惊叹其壮观之余停下来想想，很容易得出这样的结论，这是一项由长不大的孩子在专制君主的驱使下完成的工程。"这位侯爵显然对古代中国的国情不甚了解，站在自己的立场以为长城只是暴君威逼愚民的产物。他一定想不到，长城在当时除了具有一定的军事作用外，还有振奋帝国神威、安定社会秩序、解决就业问题等诸多功效。

长城的大而美，极尽一切美好的形容词加诸其身都不过分。在现在看来，明王朝动用全国之力修筑长城，实在是个明智之举，它那些看不见的社会调节功能远大于看得见的军事防御功能。它有效地把国家财富分配到了大家都能接受的正经用途上，避免了觊觎者的争夺；凝聚了民心，缓和了各

Le Pere Ferdinand Verbiest.

南怀仁

明 清

阶层的利益冲突。

长城让大明帝国达到了暂时的和平安宁，至少是心理上有了自豪感、安全感。这种效果是历代封建王朝梦寐以求的。但在君主家天下的时代，皇帝有几乎不受制约的权力和欲望，各阶层有不同的地位和礼遇。要在同一个"家庭"让享受不同礼遇的人相安无事，那是天方夜谭。长城隐喻的，是帝国长治久安的梦想。但长城实在承受不住这么厚重的理想。在封建社会末期的嚣嚣市声中，它那震慑心魄的力量，只能如一个童话般地存在。

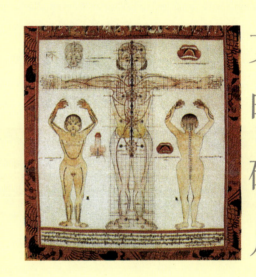

明 清

中 国 文 化 探 秘

文明碎片

古人也讲依法治国吗

在很多人心目中，古代中国确定一个人是否犯罪，该受到什么惩罚，可能就是官员嘴里的一句话。通常情节是：惊堂木一拍，官员把被告的犯罪事实一念，问被告是否知罪，倘若举不出自己没犯罪的证据，就会"大刑伺候"，于是屈打成招。然后打板子的打板子，关牢房的关牢房，流放的流放，杀头的杀头。若有些倔头不服，只能等更大的官出巡或私访时拦轿喊冤。这些人一般为钦差大臣、御史巡按、皇亲国戚等。只有等他们看了状词，听了陈述，说一句有罪无罪，才有希望洗雪冤屈。古人断案难道真是这样吗？

事实当然不是这样的。我国古代很早就有"不以规矩，不成方圆"的俗语，还有"礼乐治国"的思想。早期的"礼"，就相当于今天的法律，就是凡事都要遵循尊卑长幼的不同等级规范，不合规范就是"逾礼"，也就是违法，要受相应的惩罚。后来随着生产力的进步与提高，社会的复杂程度加深，"礼"的简单粗疏的规范，不能适应调整社会秩序的需要了。到战国时，魏国的李悝制定了《法经》，于是，中国古代社会开始有了以刑律为主的综合法典。秦孝公任用商鞅变法，尊崇《法经》，在增加了一些军事、经济立法内容的同时，改《法经》为《秦律》，使法律更具有广泛推广和使用的意义。其后，汉朝有《汉律》，魏晋南北朝有曹魏的《新律》和西晋的《晋律》，隋朝有《开皇律》，唐朝有《唐律》，宋有《宋刑统》，元有《大元通制》。法律都在为适应新的形势需要而不断地有所因袭，有所完善，有所摒弃，有所补充。但其根本的指导思想没变：为了维护法律制定者所代表的集团统治和利益，维持一种相对稳定的社会秩序，打压一切试图破坏这种秩序的言行举止。

上面列举的，都是我国历史进程中长时间通行和比较有名的法律规范性文件。以今天的眼光看，它们有进步的地方，也有落后的地方，但总体趋势是进步的。而且，这些法典都是在当时特定的历史条件下，实实在在地影响了人们思想行为的典籍。

到了明朝，开国皇帝朱元璋从一个草根贫民起家，推翻了曾经不可一世的"黄金家族"成吉思汗及其子嗣创建的元朝。他对元朝的律令松弛和不尽合理有着最直接的切身体会，深感社会秩序对于一个帝国的重要作用。他当然希望由他开创的朱家王朝万世长兴，因此非常重视法律的制定和执行。在他尚未建国的打天下时期，朱元璋就已经委派相关的资深专业人士探究制定律令，吴元年（1367年）就开始酝酿《大明律》的起草，经过洪武六年（1373年，次年农历二月始颁行天下）、洪武二十二年（1389年）、洪武三十年（1397年）三次大规模修订，到1397年《大明律》重新颁布实施。《大明律》可以说是朱元璋和他忠诚的大臣们殚精竭虑的成果。所以，它颁布以后，朱元璋严令"定律不可轻改"，"子孙守之，群臣有稍议更改，即坐以变乱祖制之罪"。因此，洪武以后的君臣们对《大明律》"历代相承，无敢轻改"。

要说这部《大明律》确实集历代法制成果之大成，又有明朝统治者自己的独创；既继承了《法经》、《秦律》"法贵简当"、严刑峻法的思想，又把从汉到唐"刑礼并重"的儒法结合发挥得淋漓尽致。所以《大明律》颁行后，

明

清

不仅在明朝国内具有很大反响，邻国日本、朝鲜也纷纷搜求，稍作调整后就直接当做自己的法典了。

朱元璋很重视法律的作用，他甚至希望通过《大明律》"一准天下"。

客观上说，这部法典确实代表了当时世界比较先进的法制水平。它按照明中央政府六部职责，创制了吏、户、礼、兵、刑、工六律，外加一个名例（相当于今天的法律总则），使隋唐以来沿袭了八百多年的古代法典体制结构发生了重大变化。这反映了朱元璋希望这部法典能真正在实践中很好地贯彻执行，成为各部门依法执政的依据。他甚至连各部门的各项工作规范和程序都在法典中一一作了明确要求；把全国民众按职业分类世代相袭，并严禁改行换业；为限制"流民"，凡外出离开属县均须官府审批开出"路引"（通行证）。

为保证法律被有效地实施，朱元璋还完善了监察制度，按全国省级行政单位配置御史巡按，按六部配置专门负责监察的给事中。这就和中国古代很多朝代信奉的"德主刑辅"思想不同。因为"德主刑辅"往往使得法律形同虚设，很少有人严格依法行事，以致造成很多人的错觉，以为古代人根本没有依法治国的观念。

《大明律》的立法思想就是"重典治国"，用严刑峻法来维持朱家江山的稳固秩序。对于谋反、大逆、职务犯罪、经济刑事犯罪的惩罚力度远远超过历代，对于一般民事犯罪、伦理犯罪惩罚又较前朝为轻，体现了朱元璋务实治国的苦心。

既然决心推行这部法典，就必须让全国人民知法守法。为了达到普法的效果，朱元璋采集了一万多个案例，将其犯罪过程、处罚方式亲自编纂成《明大诰》，广泛散发。朱元璋明白，要老百姓去背那些条文是不可能的，而这些案例生动具体，类似于我们今天的普法杂志，很具有可读性。更重要的是，里面还详细记述了对这些犯人所使用的各种酷刑，具有不言而喻的威慑警示作用。他甚至煞费苦心地发明了保证全国人民都拥有《明大诰》的方法：凡触犯《大明律》的，只要家里有这本《明大诰》，就罪减一等；凡没有的，就罪加一等。从这个意义上说，朱元璋还是一个很成功的普法专家。

《明史》记载，《大明律》颁行后，通过重典治吏，打击了官僚地主的势力，加强了皇权，一时间，举国官员无不守令畏法，洁己爱民，吏治焕然一新；通过重典治民，使长期困扰中国封建统治者的流民问题在明初有所缓解，人民思想和社会舆论也都合乎统治者的意愿。

然而，智者千虑，必有一失。按照朱元璋的理想设计的"治世"良方《大明律》，无法完全适应社会发展的需要。他最为痛恨的官员结党营私、贪

明

清

污渎职等问题，不仅没有得到有效遏制，相反还愈演愈烈。为此，他不得不经常颁布"诰令"，成为《大明律》的律外之法，甚至有些诰令本身就与《大明律》相抵触。他还错误地认为，流弊不断是因为惩罚不够严厉，于是在《大明律》法外施刑，一些早已被废除的极其残忍的肉刑，如刺字、割鼻、剁脚、凌迟（一刀刀将人犯割肉慢慢折磨致死）等等，又重新使用。就这样，他把个人的权威凌驾于法律之上，严重损毁了法律的尊严，让官员们丧失了执行的严肃性和积极性。

朱元璋死后，他所编纂的严苛的《明大诰》就废止了。他希望《大明律》起到的"依法治国"的作用，在皇权、贵族特权面前，也最终成了泡影。

《本草纲目》是本什么样的书

《本草纲目》是本什么样的书？

不就是本药物书、医书么？

如果你读过这部书，并对包括医学在内的自然科学有所了解，而且还有几分较真的科学精神，你就不会这么想，也不会脱口说出任何一个简单的答案。

因为，这是一部涉及了很多自然科学的奇书，一部只为解决一个回答起来很简单的问题——"治病救人"的书。

回答起来很简单，不等于问题本身很简单。治病救人、延缓生命需要药，而药性的认识，药物的获得、制取、剂量、配伍、禁忌……这些都是需要通过长期的临床验证的，它牵涉到天文、地理、生理、病理、微生物、植物、动物、物候、无机化学、有机化学等多种门类的科学知识。

李时珍与《本草纲目》

远在15世纪的中国乃至世界，以上这些学科有的连名称都还没有出现，更谈不上大量的科学认知，有的只是一些零碎的经验。但必须治病救人的使命，却促使历朝历代的医生们探索出了很多药物、病理和治病的方法，并撰著成书籍传世。如祖国医学的经典之作《黄帝内经》，汉朝的

《神农本草经》(收药365种)，南朝的《本草经集注》(收药730种)，唐朝的《新修本草》(收药844种)……然而，由于年代久远，认识偏差，各位编撰者的水平差异，导致许多错讹、矛盾，不了解的医生照本宣科，轻则治不好病，重则闹出人命。而且，这些书籍对药物的分类混乱，很不全面，临时要用很难查找。如果有一部系统详尽地阐述药物知识的书籍该多省心啊！然而在这种背景下，要写作这样一本书，除非有天才的头脑、蛮牛的精力和不屈的精神。

这样的人终于在明武宗正德十三年(1518年)的湖北蕲春县出世了。

他叫李时珍，家里三代行医。父亲李言闻，曾做过"太医院吏目"，有著作《四诊发明》、《蕲艾传》、《人参传》、《痘疹证治》等传世，堪称"名医"，名不虚传。

虽是医生世家，可父亲却并不打算让这个儿子继承祖业，因为当时医生的地位低下，与"算命"、"卜卦"的差不多。而根据明朝的职业户籍制度，要改行，只能通过科举做官。于是，李时珍便在父命之下当了个勤奋好读的好学生。然而造化弄人，可能是他兴趣爱好太广泛了，十年间什么书都读，尤其对与医药相关的书籍、事务感兴趣。事实证明，读书不专一，势必影响考试成绩！李时珍后来连考三科，连举人都没有考中。李家上下这才不得不接受了李时珍的选择——当医生。

此前，李时珍利用业余时间所学的一些医学知识已经让他小有名气，现在专门攻医，更显得如鱼得水。只是苦于传统医学典籍杂乱错漏，而且民间刻本极难找到，拥有一本两本简直就是至宝。于是他萌发了一个世人看来近乎痴人说梦的想法——编著一部药物全书。

1551年，李时珍33岁，迎来了他人生的转机。当时明朝皇族封藩在武昌的楚王朱英㷿，因孩子生病是李时珍治好的，为了表示看重这位医生，就任命他做楚王府的"奉祠正"，管祭祀礼节方面的事情，还兼管"良医所"。在这里既有官俸，工作又清闲，医学典籍还丰富，于是，李时珍在第二年就着手实施起了那个庞大的编著计划。过了几年,楚王又把李时珍推荐到北京的太医院去任职,做"太医院判"。

"如果集中太医院的医学精英,游说皇帝争取政府资金支持,医生们梦寐以求的药物全书不是很快就能编好了吗?"兴冲冲的李时珍还没来得及把他的想法说出来,就发现自己太天真了。嘉靖皇帝迷信炼丹求仙,幻想长生不老,李时珍直言相劝无济于事,便不指望他能支持发展医学事业;众太医大多只知道讨好皇帝,满足于优厚的俸禄,争名夺利,不思进取,根本就没有志同道合的合作伙伴。于是,他等到收录完太医院典藏的历代医药书籍,辨认了不少稀有药材后,便放弃待遇优厚的工作,托病辞职回了老家。此时,他需要的是实地求证典籍中所记载的药物,试验其药性。

像蛮牛一样跋涉耕耘的日子一言难尽。他带上徒弟和儿子,"搜罗百氏,访采四方","远穷僻壤之产,近探险麓之华",药之所在,足之所达。向采药的、卖药的、种田的、捕鱼的、砍柴的、打猎的请教,一味药一味药地寻访、辨认、试验、记录,一幅图一幅图地描画修订,整整27年,终于在1578年,一部划时代的药学巨著《本草纲目》诞生了! 全书约有200万字,收载药物1892种,李时珍个人收集发现的药物就占了374种。书中有药物图1109幅,还附临床处方11096个,其中绝大多数来自李时珍的总结和征集。

以个人之力,完成这样一部划时代的医药巨著,李时珍对医学所作出的贡献,在当时世界上绝对是前无古人的。

《本草图谱》图例

《本草纲目》的价值绝不仅仅在于医药学、临床医学，还在于它对涉及药物的矿物、植物、动物的分类。《本草纲目》共分水、火、土、金石、草、谷、菜、果、木、器服、虫、鳞、介、禽、兽、人16部，包括60个大类。每种药物标正名为纲，纲之下列目，纲目清晰。它相当于一部博物大典，而且是当时世界上最全面、最科学、最系统的博物学著作，对"现代植物分类学之父"卡尔·冯·林奈，以及英国伟大的生物学家达尔文的科学研究，都产生过巨大影响。达尔文还称赞它是"中国古代百科全书"。

《本草纲目》问世后其影响面之广、力度之深是创纪录的。它曾被翻译成日文、朝鲜文、法文、英文、德文、俄文等多国文字，在全世界流传，而且一直是世界各国国家图书馆必备珍藏的图书。

令人遗憾的是，这部拯救了无数人生命、开启众多科学之门的惊世之作，其主人却最终没有看到书的出版。因为，它揭露了庸医误人、方术道士骗人的许多把戏和炼丹求仙的荒谬，触犯了包括大明皇帝在内的许多人，于是无人敢印，也缺乏资金来印。直到李时珍去世二年后的1596年，金陵

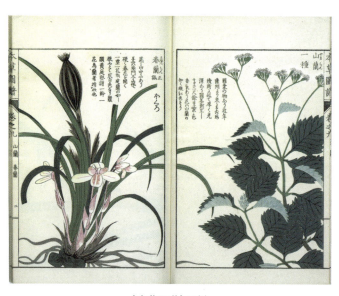

《本草图谱》图例

出版商胡承龙才答应刻印,《本草纲目》得以在南京全部出版,史称金陵版。目前该版本已成为世界珍宝,存世不多。

一个医生,为着一个朴素却不简单的治病救人的目标,视功名利禄为草芥,穷尽一生的心血智力,向无数未知的领域探索。在蒙昧的丛林里像蛮牛一样地默默耕耘,点燃自己照亮道路,播下一颗颗科学文明的种子,普济天下苍生。

明

清

古人是怎样预防天花的

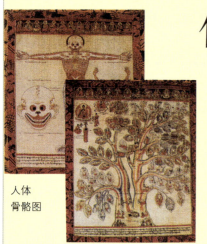

人体
骨骼图

人体生理病理图

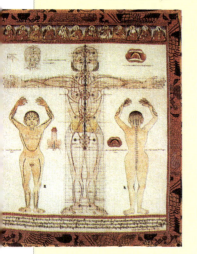

人体脉络图

你看到过满脸坑坑洼洼，俗称"麻子"的人吗？这就是天花肆虐后留下的罪证。

在世界疾病史上，天花是波及面极广、危害极大、流行史很长的烈性传染病。死亡率极高，侥幸不死，也会严重损坏人的容貌。考古学家在出土的古埃及法老拉美西斯五世木乃伊的面部，找到了公元前一千多年前的天花留下的特有瘢痕（麻子）。中世纪时，天花在世界各国广泛流行，几乎有10%的居民死于天花，五个人中即有一个人脸上有麻点，甚至皇帝也无法幸免。法皇路易十五，英女王玛丽二世，神圣罗马帝国皇帝约瑟夫一世，俄皇彼得二世等，都是感染天花而死的。18世纪，欧洲人死于天花的人数达一亿五千万以上。美洲的天花是16世纪由西班牙人带入的。据记载，1872年美国流行天花，仅费城一地就有2585人死亡。我国也有民间俗语说："生了孩子只一半，出了天花才算全。"可见天花是一种极其凶险的传染病，在古代世界，人们都把它当做瘟疫。

在我国，天花又叫"痘疮"。晋代葛洪的《肘后救卒方》中记录："比岁有病时行，乃发疮头面及身，须臾周匝，状如火疮，皆载白浆，随决随生……剧者多死。"这是我国也是世界上最早关于"天花"病的记载。

我国的天花病从外国传入应是无疑，但源头到底是哪里？有人认为是西域，有人认为是印度，其中有文献可考的是东汉光武帝年间，由伏波将军马援征交趾后从战俘身上传入，故天花在中国古代也称"虏疮"。

在古代，天花一旦出现，由于缺乏有效的治疗和预防方法，往往大面积传染。世界各国都在努力寻求防治的办法。中医素有"以毒攻毒"的治疗思想，在唐代，药王孙思邈就成功地利用患疮者的脓汁治疗了"疣目"（俗称瘊子），而一些患了天花侥幸不死的人，再也不会感染天花，这些都直接启示人们：可以利用天花患者的病毒主动让人轻微感染一次，避免以后严重的天花感染。

这是一个危险而又大胆的尝试，也是一个漫长的实验摸索的过程。最后，古人终于研究出一套在现代统称为"人痘接种"的天花防疫技术来了，方法有四种：痘衣法、痘浆法、旱苗法、水苗法。它们的原理都是用人工方法感染天花以获得天花免疫能力。其中，痘衣法（穿天花患者的内衣，很难种上痘）和痘浆法（取天花的脓浆入鼻，很危险）比较原始，旱苗法和水苗法（加水或乳汁稀释）都是用豆痂作为痘苗入鼻，虽然方法上有所改进，但仍有一定危险性。后来在不断实践的过程中发现，如果用接种多次的痘痂做疫苗，则毒性减弱，药力不变，接种后比较安全。这种对人痘苗的选育方法，完全符合现代制备疫苗的科学原理。它与今天用于预防结核病的"卡介苗"定向减毒选育，使菌株毒性汰尽，抗原性独存的原理完全一致。四种种痘方法，以水苗法最佳，旱苗法其次，痘浆法危险性最大。

由于古代君主不重视自然科学技术的发展，包括医学在内的科技行业的劳动得不到应有的尊重。医生们的发明创造和重大发现，只能在需

明
清

要时作为个人谋生的手段。他们社会地位不高，一般也缺少相应的设施和能力大规模地实验和推广自己的研究成果。出于谋生考虑，一些专业技术和能力大多是家族流传，师徒相授，甚至作为"秘方"从不外泄。因此，许多成熟的科学技术，却没有大范围地应用于国计民生，也缺少交流合作。"人痘接种"的尝试，应该很早就有成功的例子，我国并没有出现特大范围的天花流行记载就是一个证据。根据很多的历史文献记载及其他相关证据证明，至少现在人们相信：至我国明嘉靖时期，"人痘接种"就已经成熟。

"人痘接种"走向世界缘于清朝康熙、乾隆两位皇帝的重视。由于康熙的父亲死于天花，年幼的他为避免传染未能送终，使他深以为憾。当他知道种人痘可预防天花时，马上下诏征集种痘医师并严加考选。江西的朱纯嘏和陈滢祥被选为皇家种痘师，不但为皇子皇孙种痘，而且赴蒙古科尔沁、鄂尔多斯等地治痘，并为诸藩王子女种痘，康熙为此还特赐府宅和官爵给朱纯嘏。朱纯嘏受此激励，写下《痘疹定论》一书传世。到乾隆朝，官府修撰《御纂医宗金鉴》，作为钦定的国家医学教科书，第一次收入"幼科种痘心法要旨"一卷，充分表明了官方提倡和推广种痘的态度，并使它标准化。这种官方的推广，至少使官宦富绅之家的儿童普遍接受了种痘。

中国人痘接种法的发明，很快引起了外国的注意。康熙朝就有俄罗斯人前来中国学习种痘。这是最早赴华学习种人痘的官派留学生。种痘法后经俄国又传至土耳其和北欧。1717年，英国驻土耳其公使蒙塔古夫人在君士坦丁堡学得种痘法，三年后为自己6岁的女儿在英国种了人痘。随后欧洲各国和印度也试行接种人痘。18世纪初，突尼斯也推行此法。1744年杭州人李仁山去日本，把种痘法传授给日本人折隆元，1752年《御纂医宗金鉴》又传到日本，种痘法就此在日本广为流传。其后，此法又传到朝鲜。18世纪中叶，我国所发明的人痘接种术已传遍欧亚各国。

1796年，英国人琴纳受我国人痘接种法的启示，试种牛痘成功，因为牛痘比人痘更加安全，逐渐取代了人痘接种法。1805年牛痘传入我国。我国也逐渐用种牛痘代替了种人痘，并改进了种痘技术。

我国发明人痘接种，这是对人工特异性免疫法的一项重大贡献。伏尔泰曾在《哲学通讯》中写到"人痘接种"时说："我听说一百多年来，中国人一直就有这种习惯，这是被认为全世界最聪明、最讲礼貌的一个民族的伟大先例和榜样。"人痘接种技术，首创了预防天花病的方法，但它也和我国古代民间众多先进的科学技术一样，在墙里开花墙外香过一段时间之后，最终淹没于外国人新的科学技术手段里。

明

清

工艺百科全书《天工开物》

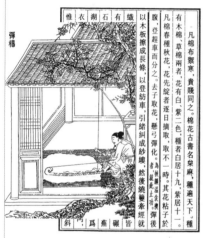

《天工开物》之"弹棉"

19世纪30年代的欧洲，起源于17世纪的自然科技已经发展得如火如荼。可是，一本来自中国17世纪的科技著作却依旧让欧洲人大为惊叹。这本书就是由法国汉学家儒莲陆续翻译出来的《天工开物》。

1837年，儒莲把《天工开物·乃服》的蚕桑部分译成了法文，并和《授时通考》的"蚕桑篇"合编在一起，以《蚕桑辑要》的名字刊载，立即引起了欧洲各国农业科学家的关注。当年就被译成了意大利文和德文，并分别在两国出版，第二年又被转译成英文和俄文。当时欧洲的蚕桑技术已有了一定发展，但因防治疾病的经验不足等而引起生丝大量减产。《天工开物》为之提供了一整套关于养蚕、防治蚕病的完整经验，对欧洲蚕业产生了很大的影响。

其实《天工开物》一书在崇祯十年（1637年）初版发行后，很快就在学术界和刻书界引起注意。方以智的《物理小识》，是较早引用《天工开物》有关论述的书籍。还在明代末年，就有人刻了《天工开物》的第二版，准备刊行（因战乱，大约在同治年间才出版）。17世纪末，它就传到了朝鲜、日本。日本学术界对它的引用一直没有间断过，并且在日本哲学界和经济界还兴起了"开物之学"。19世纪30年代，《天工开物》的摘译本又在欧洲流行开来，儒莲把它称为"技术百科全书"，达尔文称之为"权威著作"。后来的英国科学史家李约瑟则把《天工开物》的作者宋应星誉为"中国的阿格里科拉（矿物学之父）"和"中国的狄德罗（法国《百科全书》主编）"，称此书是"17世纪早期的重要工业技术著作"。

那么，《天工开物》里究竟写了些什么，竟能引来这么多的关注？

其实，从书名来看，"天工开物"是指人们以巧夺天工的手段创造出奇异的物品。所以，它是一部介绍推广我国明代工农业生产技术的书，是中国古代多项工艺、技术的系统总结。

《天工开物》的作者叫宋应星。全书详细叙述了各种农作物和工业原料的种类、产地、生产技术和工艺装备，以及一些生产组织经验，既有大量确切的数据，还绘制了123幅插图。只要看了这本书，就能按照里面所载的办法复制生产。全书按"贵五谷而贱金玉"的顺序编排，分上、中、下三卷。上卷记载了谷物豆麻的栽培和加工方法，蚕丝棉苎的纺织和染色技术，以及制盐、制糖工艺。中卷内容包括砖瓦、陶瓷的制作，车船的建造，金属的铸锻，煤炭、石灰、硫黄、白矾的开采和烧制，以及榨油、造纸方法等。下卷记述金属矿物的开采和冶炼，兵器的制造，颜料、酒曲的生产，以及珠玉的采集加工等。

《天工开物》图例

据研究，《天工开物》中零散记录了我国古代对物理学的认识和应用，如在提水工具（筒车、水车、风车）、船舵、灌钢、泥型铸釜、失蜡铸造、排除煤矿瓦斯方法、盐井中的吸卤器（唧筒）、熔融、提取法等篇目中都有许多力学、热学等方面的物理知识，具有珍贵的历史价值和科学价值。在"五金"卷中，科学地介绍了锌这种新金属，并且首次记载了它的冶炼方法。这表明中国在很长一段时间里一直是世界上唯一能大规模炼锌的国家。而书中记载的用铜和锌两种金属直接熔融而炼得黄铜的方法，也是人类历史上的最早记录。

此外，《天工开物》中还有一些朴素的自然科学理论发现。书中记录了农民培育水稻、大麦新品种的事例，研究了土壤、气候、栽培方法对作物品种变化的影响，又注意到不同品种蚕蛾杂交引起变异的情况，说明通过人为的努力，可以改变动植物的品种特性，得出了"土脉历时代而异，种性随水土而分"的见解，把我国古代关于生态变异的认识推进了一步，为人工培育新品种提出了理论根据。也是这个原因，才使达尔文由衷地称赞这本书。

可以看出，《天工开物》就是为指导人们开展工农业生产而编写的。这些经验总结，体现了中国明朝以前的工农业发展技术水平。书中绝大多数内容在当时都处于世界最先进的水平。

我们不禁纳闷：一本以个人之力编写而成的技术汇编，在当时各行各业又有自己保密传统的情况下，肯定不是当时最全面的总结，尚且能让各个国家纷纷学习效法，那古人为什么不在此基础上进一步发展，产生自己的现代化工业呢？

还有更莫名其妙的事情。此书出版后，销路应该是很好的。马上就有人准备出第二版就是明证。可是，不到三百年后的1914年，时任工商部矿政司地质科科长的丁文江，在《云南通志·矿政篇》中，发现了一段有关《天工开物》对冶铜法的详细记载，觉得具有非常重要的价值。他想找到原书，遍访书店和藏家却一无所获！连号称搜罗了所有古代书籍的《四库全书》中也不见它的影子，只在康熙年间编的大型类书《古今图书集成》中找到部分摘编。摘编中还将原书中指称"北夷""胡虏"的字样改为"北边""北方"。想到"文字狱"，联系宋应星在书籍出版后第七年因明朝灭亡而隐居，他哥哥宋应升的《方玉堂全集》、友人陈弘绪等人的一些著作都被认为有"反清思想"，《天工开物》的失传就可以解释了。

虽然是一本并不涉及时政思想的科普实用书籍，因几个字眼，因有所牵连，就能被当政者抹杀，"文字狱"清洗的暴戾程度，为政者的胸襟见识可见一斑。如何还能指望他们来意识到工业文明能给人民带来福音，来促进工业文明的发展呢？

聊以自慰的是，《天工开物》并没有在中国绝迹。1952年，浙江宁波的李庆城将墨海楼里珍藏的明代刻本《天工开物》捐给了北京图书馆，这是世界上仅存的三本初刻本中的一本（另两本为国外图书馆珍藏）。早在1929年，丁文江作跋，罗振玉题名，江苏武进人陶湘以日本菅生堂刻本为基础，参照《古今图书集成》、《授时通考》等书校订成的《天工开物》，由北京中国营造学社出版了。这是失传两百多年的《天工开物》在20世纪的第一个新版本。此后，为研究需要，世界各地纷纷重印此书。

想想这部"17世纪早期的重要工业技术著作"的一度绝迹，再看看落后就要挨打的百年屈辱近代史，让我们生出许多感慨。

明
清

明清小说兴盛之谜

提起中国古代小说，我们如数家珍的就是"四大名著"。不知大家注意了没有，"四大名著"的产生都在明清时期。为什么明清的文坛小说如此兴盛，取得了和唐诗宋词元曲同样夺目的光辉呢？

小说并不是从明清才开始出现的，它们缘起于远古的神话传说，诸子的寓言故事。雏形是魏晋南北朝时期的文人笔记，如《世说新语》、《搜神记》等。这些书主要记载奇闻异事、妖狐鬼怪、笑话轶闻，是文人们茶余饭后聊天助兴的材料，也可以借此显示"秀才不出门，便知天下事"的渊博。到唐朝发展为传奇，宋元发展为说书人用的底稿话本及文人模仿话本形式写的拟话本。这些故事深受黎民

明代商喜《关羽擒将图》
（局部）

百姓欢迎，只是难登文学的大雅之堂。正统文人对传奇、话本、小说这些"小道不经之说"是不屑一顾的；偶有写作，也是为了个人爱好，从不会有人将自己的小说收入自己的文集。

罗贯中的《三国演义》

文艺的繁荣必须有广大的市场，阳春白雪的诗歌艺术价值颇高，也只能适应上层社会的文化需求，满足读书人和士大夫阶层孤芳自赏的乐趣。宋代前后，手工业和商业的发展带来了都市文明的繁荣，为民间说唱艺术的发展提供了场所和观众。不断扩大的市民阶层对文化娱乐的需求又大大地刺激了这种艺术形式的发展，从而产生出新的文学样式——话本。话本是说书人所用的底稿，有讲史、小说、公案、灵怪等不同内容，已粗具小说规模，流传过程中又不断加入新的创作，逐渐成熟。

明清经济的发展，科举制度的成熟和完善，刺激了私塾教育的兴盛。一些小地主阶层、富裕人家都有了接受教育的条件，造就了大批有文化的读书人。小说明白如话，连粗通文墨的人都能读懂；故事生动精彩，情节引人入胜，非常符合一般民众对精神文化生活的渴求。市场是巨大的推动力，而明朝的印刷业已经十分发达，印刷成本降低，也为大部头书籍的出版提供了技术条件。

有了文化需求的读者市场，有了书籍出版的必备条件，最重要的就是要有好的作品广泛流传，从而形成一种适应这个形势需要的文学式样。罗贯中以一部《三国演义》敲响了小说兴盛的定音鼓。

中国发达的史书传记，一向是文学艺术的源泉。诗

李逵像

词曲赋、说唱曲艺，常从中取材，有着广泛的群众基础。罗贯中以史书《三国志》为蓝本，借鉴吸收说唱艺人的表演，采用尊汉贬曹的儒家正统视角，看重人心、人才、谋略这三大要素的决定性作用，把高超的艺术虚构和高度的历史真实有机结合，塑造了一大批家喻户晓、栩栩如生的经典艺术形象，如奸绝曹操、智绝诸葛亮、义绝关羽等。《三国演义》成书后，不但"士君子之好事者，争相誊录，以便观览"；而且下层文人和普通百姓也纷纷阅读和讲说，口耳相传。正如清初著名作家李渔所称赞的："《演义》一书之奇，足以使学士读之而快，委巷不学之人读之而亦快；英雄豪杰读之而快，凡夫俗子读之而亦快。"加上戏曲和曲艺竞相从中取材，更使《三国演义》的故事和人物深入民间，远播海内外。这种巨大的成功，满足了社会的文化需求，培养了大批小说爱好者，同时也吸引了众多的模仿者，并被书商们视为营利的"热门"，有力地推动了历史演义小说的创作。从明代中期直到清代末年，历史演义小说不断问世，仅现存的便有数十部之多。从盘古开天到明代的历史，都被写入历史演义小说。

明代中叶，白话小说作为成熟的文学样式正式登上了文坛。读书科举不中、求仕无门的读书人，也找到了可以养家糊口的职业——创作小说。小说亲近百姓，获得了空前的发展。

《金瓶梅》插图

明代长篇小说题材除了历史演义小说,还有神魔小说,如《西游记》;世情小说,如《金瓶梅》;公案小说,如《海刚峰先生居官公案传》等,基本涉及了明代社会生活的主要方面。这些小说除了艺术价值,也是我们认识明代社会的一个窗口。

明代的白话短篇小说也获丰收,其标志就是"三言""两拍"的问世。"三言"是冯梦龙编纂的《喻世明言》(一名《古今小说》)、《警世通言》、《醒世恒言》的合称,收入宋、元、明话本及拟话本120篇。题材多取自稗史或传说,有宋元旧作,也有明人拟作,经冯梦龙润色加工,反映出当时平民阶层的思想、生活和情趣,对后世的白话小说及戏曲都有很大影响。"两拍"则是指凌蒙初创作的拟话本集《初刻拍案惊奇》和《二刻拍案惊奇》。

到了清朝,小说的发展更是出现鼎盛的局面。清代的阶级矛盾、民族矛盾和思想文化领域里的斗争,给小说创作以深刻影响。文字狱的酷烈,使一向亲近政治的文人,把笔触转向不太刺激统治者神经的文化娱乐,创作起小说来。从清初到乾隆时期,小说创作无论是数量还是质量,内容还是形式,风格还是流派,与前代相比都有较大发展。清代小说基本都是文人的创作,虽有历史、传说等素材的借鉴,但作品多取材于现实生活,较充分地体现了作者个人的意愿,在结构、叙述和描写人物等方面也更加成熟。乾隆年间刊行的《聊斋志异》和《红楼梦》,更是把文言小说和白话小说的创作推向顶峰。

值得一提的是,此时还出现了许多义务评论家,他们为小说的推广普及做出了巨大的贡献。我们今天看到的《三国演义》,就是经毛纶、毛宗岗父子评点删改的。而《红楼梦》的评点研究者更多,其中最为著名的是脂砚斋。他们的出现,使得小说的创作、鉴赏达到了更高的艺术标准。

除《红楼梦》外,比较著名的清代长篇小说还有《儒林外史》《醒世姻缘传》《绿野仙踪》《隋唐演义》《说岳全传》《女仙外史》《镜花缘》《雷峰塔传奇》等。拟话本小说则有《醉醒石》等。李渔的《无声戏》和《十二楼》则

明

清

是白话短篇小说艺术成就的代表。

清朝末年，国势式微，专制政体即将瓦解，民族危机愈加深重。广大群众对腐朽无能的清帝国已感到无望，具有改良思想的小说家纷纷通过小说来抨击政府和针砭时弊，提出挽救国家的主张。小说也因此显示了其对社会生活的强大干预能力。人们把这一时期出现的小说称为"谴责小说"。李宝嘉的《官场现形记》、吴趼人的《二十年目睹之怪现状》、刘鹗的《老残游记》和曾朴的《孽海花》代表了这类小说的最高成就，被后人誉为"晚清四大谴责小说"。

可以说，明清小说以辉煌的成绩为中国古代文学画上了一个完美的句号。到了"五四"运动以后，中国文学就是另外一番景象了。

学问还是无奈

前文说过，清朝尤其是乾隆时期由于文字狱过于严酷，许多文人"以文为戒"，生怕一不小心触犯忌讳，所以诗不敢作，文不敢写，那么读书人是不是从此就不再接触文字了呢？非也！无奈之下，他们换了另外一种方式研究文字研究书，这一换了不得，中国历史上很厉害的一门学问——考据学兴起了。

考据学又称考证学，是对文字的出处来历（典故）以及含义特点进行研究考证的学问，在清朝又称为朴学。朴学即朴素的学问，它是针对理学的空疏而言的，主张学问重史实依据，解经由文字入手，以音韵通训诂，以训诂通义理，其主要工作就是对古籍加以整理、校勘、注疏和辑佚。因为这门学问盛行于清代乾隆、嘉庆两朝，所以又称为"乾嘉学派"。

乾嘉学派重视考据、训诂，学风平实、严谨，以研究古代儒家经典为中心，也研究文字音韵、名物训诂、史籍考订、方舆地志、天文历算、金石乐律、典章制度等各个方面，通过校勘辑佚古代文献，对中国几千年的传统学术进行系统的整理与总结。这一学派为清初大学者顾炎武所开创，乾隆中叶经阎若璩、胡渭等发展壮大，至卢见曾、惠栋、沈大成、戴震、钱大昕、段玉裁以及王念孙、王引之父子发扬到极盛。

明

清

乾嘉学派的学术成果灿若星河。顾炎武的《日知录》中有很多考证历史的内容，为考据学的开山之作。阎若璩的《尚书古文疏证》以充分的证据考定《古文尚书》为伪书，大振考据学声威。王鸣盛的《十七史商榷》、钱大昕的《廿二史考异》、崔述的《考信录》、梁玉绳的《史记志疑》、钱大昭的《汉书辨疑》、沈钦韩的《汉书疏证》与《后汉书疏证》等等，均为精致的考据之书。经学方面，乾嘉学派几乎把儒家所有的经典都重新加以训诂和解释，对"十三经"（指《易经》《诗经》《书经》《周礼》《礼记》《仪礼》《春秋公羊传》《春秋穀梁传》《春秋左传》《孝经》《论语》《尔雅》《孟子》十三部儒家经典）进行注释的名家辈出，其中阮元主持校刻的《十三经注疏》最为完善，到现在为止仍是同类书中的第一权威。文字、音韵方面，戴震的《方言疏证》、王念孙的《广雅疏证》、段玉裁的《说文解字注》至今闻名。此外，专门研究某一方面历史内容的书籍也大量涌现，如王世祯的《国朝谥法考》、黄琳的《纪元汇考》、黄宗羲的《历代甲子考》、万斯同的《历代宰辅汇考》等等。

乾嘉学派取得了卓越的学术成就，留给后人尤其是现代人许多有益的启示：

乾嘉学派对我国两千多年以来的文献典籍，进行了大规模的整理总结，使丰富的文化遗产得以保存，并为后人阅读、利用和整理提供了方便，奠定了基础。中国古代浩如烟海的古籍，正是通过乾嘉学者的训诂、注疏、校勘、辑佚、辨伪等才得以正本清源，去伪存真。

乾嘉学派实事求是、锲而不舍的治学精神和踏实严谨、细致专一的治学态度，为我们树立了很好的学习榜样。钱大昕认为：要成就大学问，必须从实事求是开始。王鸣盛则明确提出：做学问，求虚不如务实。"实事求是"的理念奠定了历史研究中无证不信的治史原则，强调了历史自身的客观性与真实性，提倡客观实证精神，形成了求真考实的治史学风，从而端正了中国史学的发展方向，奠定了历史学向科学方向发展的学术基础。

此外，乾嘉学者还强调认真读书，重视实证，力戒空谈，主张"无一事无出处，无一事无来历"，花气力，下工夫，穷年累月地搜集材料、整理材料，而后在归纳、比较的基础上得出结论。这就使得他们得出的结论，往往具有较高的学术价值。

但乾嘉学派也有明显的缺点。他们专门从事考据，在考据和学问之间画上了等号。有些乾嘉学者，沉溺于故纸堆中，为考据而考据，卖弄博学，故弄玄虚，往往用很多文字来阐述一个细小的发现，非常机械和烦琐。还有一些乾嘉学者，盲目地认为儒家典籍越古老就越符合经书的本来面目，甚至认为对儒家典籍的注疏，也是唐胜于宋，汉必胜于唐。这种向后看而不向前看的迂腐劲，使他们在观察和思考问题时，不免带上复古、佞古的倾向，眼界十分狭隘。乾嘉学派研究的学问，几乎全是书本上的问题，缺乏新鲜度，也脱离现实生活，因此久而久之，这门很厉害的学问就失去了生机。

乾嘉学派是清代所谓"太平盛世"的产物，它在政治稳定、经济繁荣的土壤上，才有可能获取丰富的养料而蓬勃生长，并作为盛世的点缀，发挥一定的历史作用，比如参与纂修《四库全书》。然而，一旦时过境迁，社会转向衰败，矛盾加深，出现危机，它也就失去了存在和发展的条件。到了鸦片战争前夕，一些对社会危机有深切感受、要求改变现状的进步思想家，痛感终日将时间精力消磨在名物考据之中，对时事政治、国计民生不闻不问的乾嘉汉学，已经成为解决现实问题的障碍，便大声疾呼要求改变学术风气。以龚自珍、魏源为代表的经世致用派登上了历史的舞台。正如"康乾盛世"成为过眼云烟一样，乾嘉学派也迅速没落，只留给世人一个匆匆的背影。

明清

"三寸金莲"为什么在清朝最为盛行

在中国古人心目中，女性是柔弱的代名词，因此，凡与女人有关的，皆以小为美，像樱桃小口、杨柳小蛮腰，都深受人们尤其是男子的喜爱，"三寸金莲"的纤纤小脚自然也不例外。

正常成人的脚怎么会只有三寸长呢？那当然不可能，三寸小脚都是缠出来的。据一般说法，缠小脚最早始于南唐后主李煜在位的时期。传说李煜宫中有一位叫香娘的嫔妃，原是官宦人家的女儿，后因家道中落，沦为歌妓。她生得苗条，善于歌舞，深受李煜的宠爱。李煜诏令筑金莲台，高六尺，以珍宝为装饰，再结上璎珞，台中点缀各色象征祥瑞的莲花图案。然后，他令香娘用丝帛缠足，把脚缠成弯弯的新月状，再穿上雪白的袜子，轻歌曼舞于莲台之上。香娘舞姿翩跹，回旋之间仿佛腾云驾雾般轻盈。李煜看了，赞不绝口。此后，香娘为了保持和提高这种舞蹈绝技，以稳固受宠的地位，便常用白绫紧裹双足，久而久之，便把双脚裹成了"红菱形""新月形"，其舞姿也更为自然，简直美不胜收。宫内女子见此情形羡慕不已，为了效仿香娘，大家都拿丝帛裹足，渐渐就成了风气。这种裹出来的小脚，就称为"金莲"。

宋朝时只有高贵女子才裹脚，为美为贵为娇为雅，而普通妇女是不裹脚的，毕竟裹上小脚就不方便劳动了。然而到了明清时代，尤其是清朝，裹足之风却达到了登峰造极的程度。原来，宋朝以来，极端的儒家思想，也就是将禁锢人性的封建礼教发挥到极致的程朱理学一直在社会上占据着统治地位。程朱理学推崇三纲五常，要求女子的一切言行都要以合乎男人的规范为前提。男人喜欢柔弱的贤妻良母，而女性在缠了小脚之后，因行走不便只得轻抬步微扭腰（所谓的莲步姗姗），因此尽显柔弱，这就使男人们看了很舒心；而且，小脚妇女不能轻松地随便走动，所以她们只得乖乖待在家里相夫教子，做一个娴静的贤妻良母，这就更迎合了男子的心理需求。

不过到了清朝，情况本有可能发生改变。因为清朝统治者本是游牧民族，在马背上得天下，满族男女皆擅长骑射，满族女子自然是不缠足的。清朝统治者也反对汉族女子缠足，认为这是一种陋习。顺治元年（1644年），孝庄皇太后就下令，凡是有缠足的女子入宫，一律斩首。第二年起，朝廷又规定民间女子也不得缠足。康熙三年（1664年），皇帝也曾下诏禁止缠足，并说违者拿其父母问罪。然而缠足之风非但屡禁不止，反而愈演愈烈。

究其原因，竟然是为了一道剃发令！

按照古时汉人的习俗，身体发肤皆父母所赐，所以成年之后就不可剃发，男男女女都把头发绾成发髻盘在头顶。满族的发型与汉人迥异，尤其是男子，都是把前颅头发剃光，后脑头发编成一条长辫垂下。清兵入关以后，

为了保持朝廷的统治地位，保持满族不被汉族同化，更为了摧垮广大汉族人民尤其是上层人士的民族精神，使他们忘记自己的文化传统，强推"剃发易服"政策。顺治二年（1645年）颁布的"剃发令"规定，无论官民，限十日内尽行剃头，削发垂辫，不从者斩。在"留头不留发，留发不留头"的残酷政令下，除了逃往海外或者遁入空门者外，绝大多数汉人都被迫剃了头发。

物极必反，由于剃发的强烈屈辱感，导致了汉人对汉族一切传统文化的珍视，本来缠足不过是千金小姐才做的事情，普通劳动妇女很少缠足。但在民族压迫激起强烈反弹后，汉族男人认为只有缠了脚的女人才是正统，才没有被满化，所以出现了清代普遍的、无论贵贱一律缠脚的奇特现象。所以说，清代女子缠足的普及，部分是出于汉人被迫剃发后的一种变相抗争。

缠足这种人为的伤残行为，以人工的方式营造出了一种独特的"女性美"，受到了各种别有用心者或者无聊文人的欣赏和追捧。清代品评、赞美"三寸金莲"的诗文比比皆是，文人们甚至总结出了小脚的"瘦、小、尖、弯、香、软、正"七字诀，极尽赏玩渲染之能事。山西大同等多个地方还举办赛脚会，女子们在农历六月初六这天，集体向人们展示自己的小脚，并以博得好评为荣。

清朝缠足之风大盛后，汉族女子无不缠足，甚至远在西北、西南的一些少数民族也染上了缠足的习俗。不仅如此，旗人女子也开始效仿，直到乾隆皇帝屡次下旨严禁，才稍稍刹住了旗女缠足的风气。格格们无可奈何，只得穿上底部类似金莲形状的木屐充充门面。

眼见皇帝拿汉人的缠足没有办法，小脚狂们自是欣喜不已，奔走相告，于是缠足之风愈演愈烈，一发不可收拾，女子的小脚受到了前所未有的崇拜。这一时期，脚的形状、大小成了评判女子美与丑的重要标准。作为一个女人，是否缠足，缠得如何，将会直接影响到她个人的终身大事。当时，社会各阶层的人娶妻，都以女子大脚为耻，小脚为荣。一个大姑娘长得再好看，如果没有裹脚也不会有人家要；而只要脚裹得小小的，即使脸上有麻子也不用发愁。"三寸金莲"之说可谓深入人心，甚至还有裹至不到三寸的，以至出现女子因脚太小行动不便，进进出出均要他人抱的"抱小姐"，而且这样的女子在当时还挺受欢迎的。

俗话说"小脚一双，眼泪一缸"。女子缠足蒙受了极大的痛苦，脚小也给绝大多数操持生计的劳动妇女造成了极大的不便。清末，海禁大开，在外来文化和先进知识分子不断的呼吁声中，缠足的风气才缓慢地走向死亡。这一陋习的消亡，不仅显示了妇女地位的提高和新生活的到来，也标志着中国开始从传统走向现代。

明

清

中国文化探秘

明清

考古发现

明清文明的活化石——平遥古城

城墙,市楼,当铺,票号,镖局,衙门,石板街道,明清时期的民居官府,古色古香的街市陈设……今天,当你从平遥的外城进入平遥古城,一定有恍如隔世之感,仿佛回到了久远的明清时代。

这就是山西晋中的平遥,我国首批被列入世界文化遗产名单的历史城镇。1997年12月3日,在意大利那不勒斯召开的联合国教科文组织世界遗产委员会第21次大会上,委员会认定,"平遥古城是明清时期中国汉民族城市的杰出范例,保存了这一时期所有的风貌特征,是一幅展示中国历史上非同寻常的文化、社会、经济及宗教发展的完整画卷"。

平遥在今天显得弥足珍贵,因为现在已经很难找到保存如此完整的古县城了。它始建于公元前827年到公元前782年间的周宣王时期,由西周大将尹吉甫驻军于此而建,当初只是夯土城垣,古称古陶。秦始皇实行"郡县制"后,建县平陶。北魏始光元年(424年),改称平遥。直到今天,平遥一直是县治所在地。

我们今天看到的平遥古城，是明朝洪武三年（1370年），在原城垣基础上，修缮包砌城砖为城墙，并扩大了规模建成的。整个城墙周长6163米，墙高约10米。以后，景泰、正德、嘉靖、隆庆和万历各朝，对其进行过十次左右的修葺，更新了城楼，增设了敌台。清康熙三十九年（1700年）又在古城东南角修建了一座象征文运昌盛的魁星楼，四年后，康熙西巡路经平遥，又筑了四面大城楼，使城池更加壮观。

　　如果认为平遥仅仅只是因为古老、城墙基本完好，就受世人瞩目，那就错了。它可是完全按照中国汉民族传统的城市规划思想和布局修建的古城，具有珍贵的历史、文化、经济、宗教、艺术等价值。

　　首先说城墙。城墙是古代城镇居民生活的重要保障，尤其在平遥，离明朝赶走的蒙古人的活动区域不远，也是京城北京的一道防线。一旦蒙古人突破了太原、大同的长城防线，平遥就难免遭受战火。因此，这里的城墙修建得特别结实，形制如同长城。城墙四面，开有六座城门，南北各一，东西各二。据说此城的别名为"龟城"，就是由这六座城门前的瓮城城门的朝向而来。瓮城是建在城门前的一座小城。城门是城墙的薄弱之处，为避免敌人打破城门长驱直入，瓮城特意设计成与城门一般成90度角的方向开门，是一个迂回缓冲区域，取"瓮中捉鳖"之意。南瓮城门是龟头，正前方有两眼水井，象征龟的眼睛，又合乎"龟前戏水，山水朝阳"的最佳风水朝向；北瓮城门是龟尾，也是全城的最低处，城内所有积水都从此流出；东西城门两两相对，上西门、下西门、上东门的瓮城城门均向南开，形似龟爪前伸，唯独下东门瓮城的城门径直向东开，据说是造城时恐怕乌龟爬走，将其左腿拉直，拴在距城二十里的麓台上。如此造型，大概是寄寓人们希望此城能与龟一样千年同寿的美好愿望。城墙上外侧有3000个垛口、72座敌楼，暗喻孔子的三千弟子与其中的七十二贤人。在刀光剑影的军事设施上不忘联系文绉绉的孔圣人，这也算得是平遥人别有风味的文化幽默了。再细细一想，文武之道，一张一弛。有孔圣人的文

明

清

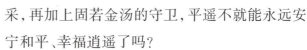

镇国寺

采，再加上固若金汤的守卫，平遥不就能永远安宁和平、幸福逍遥了吗？

城内以市楼为中心，中轴线南大街穿楼而过。全城建筑呈对称式布局，左城隍庙，右县衙署；左文庙，右武庙；左清虚观，右集福寺（已不存）。城内街道有"四大街，八小街，七十二条蚰蜒（像蜈蚣而略小的节足动物）巷"之说。城内建筑方位，全都遵循五行八卦，阴阳尊卑，合乎风水布局，体现中国哲学思想中的相生相克、相辅相成。即使后来经过增修扩建，也大体保留下了这种格局。

如此规整的布局，能够想象，居住在城里的一定不是一般的平民百姓了。

平遥城内的建筑，随便指出一座就可以载入中国古建筑史：中国宋金时期文庙的罕见实物——文庙大成殿；中国金融史上的开山鼻祖，被誉为"天下第一号"、"汇通天下"的"日昇昌"票号；始建于唐显庆二年（657年），国内古建筑中罕见的"悬梁吊柱"奇特结构的清虚观，观内20余尊木雕神像是研究中国古代木雕造像艺术和道教发展的稀有之物；遍布古城内外的1000道碑刻及年代不一、形式多样、色彩缤纷的各种琉璃实物……同时，平遥古城是中国古代民居建筑荟萃的中心之一。古城内现存的4000处古代或近代民居中，有400余处典型地体现着中国北方民居的建筑风格和特点。

平遥古城东北、西面的镇国寺、双林寺，是与平遥古城墙一起列入世界文化遗产名录的。其中镇国寺始建于北汉天会七年（963年），是我国现存最珍贵的古代木结构建筑之一。寺内万佛殿的五代彩塑堪称珍品，是研究中国早期彩塑的样本。双林寺创建年代现在难以确考，只知道它曾于北齐武平二年（571年）重修，现存宋元明清历代彩塑2052尊，有"中国古代彩塑艺术宝库"之称。

所以，平遥被人们称誉为"荟萃中国古建筑的宝库"。

其实现在平遥吸引人的地方，还在于这里是晋商的发祥地。当第一家票号"日昇昌"在这里神奇般地诞生时，立即解决了中国古代几千年经商贸易中资金流动的难题。当日昇昌获得御赐"汇通天下"的金字匾额，日日昌盛，发展到全国50多家分号时，这里也聚集了几十家其他的票号，俨然就是今日美国的"华尔街"。票号将"晋商"一词变成了全国最令人仰慕的名称。今日人们前来，没准还能找到发展最新商机的灵感呢。

更值得称道的是，平遥人在认识到了平遥的价值后，保护措施得力。古城内禁止机动车通行，整旧如旧，并在主街道市楼前专辟一条明清街。行走在古城的石板街上，目睹明清风物，放眼一片青砖灰瓦。舞动着镖局里的刀枪剑戟，耳闻着官府衙门里的升堂断案，你会疑心步入了时空隧道，回到了六百多年前的大明帝国。以往在电影电视里才能看见的古代生活场景，就那么鲜活真实地展现在你的面前。

在平遥，你不仅能看到明清的建筑、物品，也能细细品味中华文化的博大精深，甚至还能听见喧嚣热闹的近现代工商业文明的市井之声。平遥，明清文明的活化石！

明

清

明孝陵和地宫的秘密

明孝陵

明孝陵是明朝开国皇帝朱元璋和马皇后的合葬墓，位于南京紫金山南麓，始建于1381年，距今已有六百多年的历史。

孝陵的得名据说与马皇后有关。1382年，马皇后病逝，朱元璋将其葬入已修好的玄宫。由于马皇后谥号"孝慈"，因此朱元璋将陵寝定名为孝陵。1398年，朱元璋病逝也葬入孝陵。1405年，明成祖朱棣在孝陵的大金门与神道间竖立了一座大明孝陵神功圣德碑，歌颂其父的丰功伟绩。至此，孝陵建造工程历时25年，全部完工。

明孝陵规模宏大，外围皇墙长达45里，方圆31平方公里，是我国现存建筑规模最大的古代帝王陵墓之一。它采取的"前朝后寝"，与明东陵共用一条主神道、在宝顶前建造明楼等制度，开创了明清两代帝王陵规制的先河，为以后五百多年的明清两代帝陵所沿用，起到了承前启后的作用。

明孝陵的陵区内，除了有朱元璋长子朱标的明东陵，还有徐达、常遇春、李文忠等开国功臣的陪葬墓、殉葬嫔妃墓等。2003年7月3日，在联合国教科文组织第27届世界遗产大会上，明孝陵被列入《世界遗产名录》，成为南京唯一的世界文化遗产。

经历了六百多年的风雨，目前，我们能看到的明孝陵的地表建筑有大金门、神功圣德碑及碑亭（即四方城）、文武方门、碑殿、享殿、内红门和方城明楼。其中，最神秘的要数地宫了。地宫历来是帝王陵墓中最为重要和核心的部分，历代对于皇陵制度的文献记载大多是关于地面建筑的，对于地宫制度却几乎一律讳莫如深。迄今为止，对于明代帝陵地宫最可靠、最完备的了解来自20世纪50年代发掘的明神宗定陵的地下宫殿。而明孝陵的宝顶、地宫由于迄今保存完好，没有被破坏，也没有进行过发掘，所以无法详细得知地宫的结构、埋葬制度和陪葬制度。

自1997年开始，南京的文物考古部门开始对明孝陵进行了长达6年的考古勘探和研究，应用精密磁测技术、GPS定位系统等诸多高科技手段，根据物理磁场原理，通过探测地下介质（土、石、沙及人工物质）磁场的空间分

明孝陵

布特征,对形成的空间磁力线分布图像的不同进行电脑分析,来判别地下掩埋物是否存在及其形制等。通过高科技手段的运用,加上传统的勘探方法,明孝陵地宫的面貌在专家的努力下开始浮出水面。根据探测结果,朱元璋就葬在独龙阜(即明孝陵地宫的中心位置)下数十米处,而且这座地下宫殿保存完好,排除了被盗的可能。地宫建筑面积有4000多平方米,几乎是已经发掘的明定陵地宫面积的三倍。而在明楼东侧的宝城城墙之下,有一条宽5～6米、长达120米的隧道直通宝顶中心,推测应该是地宫墓道,即地下宫殿的入口。

关于地宫的具体建筑式样,现在科研人员还不能用科技手段清楚地观测到,但从明孝陵现存建筑,及明初南京宫殿、坛庙等都大量使用石料作为建筑基座的现象,以及已经发掘的定陵地宫全部用石材构筑的实例,可以大胆推断出,孝陵的地宫应该也是石结构的大型殿宇式地下建筑。而且,明孝陵的设计应该也遵循了"事死如事生"的建筑理念,内部空间应该设置为主次分明的几个殿堂。考虑到明孝陵大金门顶部用石材仿造木建筑结构的形制,地宫殿堂中应该也会仿照地面建筑包含有脊、枋、梁、檐、瓦、额枋等古建筑构件。

陵墓的主人明太祖朱元璋及先他入葬的马皇后的灵柩,应该就停放在地宫主要殿堂中,并置有祭祀用品,同时设有大缸,缸内盛有香油,设灯捻,名曰"万年灯"。虽然朱元璋生前提倡节俭,并曾声称要俭葬,但从孝陵地表建筑的壮观不难看出这只是一种掩人耳目的说法,对于一位开国皇帝而言,地宫里随葬各种金银玉器、龙袍锦缎、仪仗用具及生活冥器应该是毋庸置疑的。

中国钟王

　　中国钟文化源远流长，品类繁多，谁才是钟王？北京钟鼓楼的报时钟，北京大钟寺的永乐大钟，无疑是最有竞争力的候选者。

　　论重量，北京钟鼓楼的报时钟重达63吨，当为中国第一；大钟寺的永乐大钟重46.5吨，屈居第二。似乎结论很明显。

　　然而，2008年4月29日，北京奥组委想出了一个别出心裁、独具中国特色的仪式，用中国声音提醒世人，第29届奥运会还有100天就要在中国举行——敲钟29下！哪口钟最有资格代表中国声音呢？最后选定的却是永乐大钟。

　　这当然是有理由的。在中国历史上，古钟具有独特的地位和作用，它的历史甚至比文字更古老。远在原始社会末期，我国已有钟出现。从聆音欢娱的乐钟，到钟鸣鼎食的礼钟，弘扬佛法的佛钟，暮鼓晨钟的报时钟，有木制、竹制、陶制、青铜制、铁制的。历朝历代都竞相铸造各种朝钟、佛钟、道钟、乐钟、报时钟，以示礼乐治国，或者炫耀实力。而今天珍藏在大钟寺的永乐大钟，可以说是一口集我国各类古钟

古代铜钟上的龙纹浮雕

明　清

125

之大成的巨钟。

一位外国铸造专家说："永乐大钟的铸造成功，是世界铸造史上的奇迹，就是在科学发达的今天也不易实现。"

那么，永乐大钟创造了哪些世界奇迹呢？

首先是它形大分量重，使用历史悠久。一座重46.5吨的庞然大物，从永乐年间铸造成功即悬挂，每天敲击，直至今天近六百年，其间历经战乱依然完好无损，实属举世罕见，唯有同时代铸造的北京钟鼓楼报时钟可堪匹敌。

第二，永乐大钟上的铭文，字数最多且十分隽美。永乐大钟钟身内外遍铸佛教经咒17种，其中有相传是永乐皇帝组织辑录的四十卷《诸佛世尊如来菩萨尊者神僧名经》的前二十卷10万字，这样在永乐大钟不朽的版面上，就铸有23万多字！这在古今中外的举世器物中大概也找不到出其右者了。

这些铸在钟上的经咒文字，光洁挺秀，见棱见角，与钟身浑然一体，是汉字楷书馆阁体中的珍品，相传是明初书法家沈度的手笔。他先在宣纸上把经文抄就，然后用朱砂反印到钟模上，再由工匠雕刻成凹陷的阴文。铸造工匠以炭火为神韵，以铜汁为笔墨，23万字几乎同时成型。它们匀称地分布在钟身各处，23万字的版面，从内至外绝无空白，又一字不多一字不少，排版需要多么精确的计算！真可谓举世无双。

第三个奇迹就是大钟奇妙优美的音响。有位声学界的权威人士给永乐大钟的钟声下了八个字的评语："幽雅感人，益寿延年。"

作为佛钟，需要警示僧众和传播梵音。梵音有五大特

永乐大钟与钟鼓楼报时钟

点：正直、和雅、清澈、深满和遍周远闻。所以，钟声洪亮圆润、浑厚庄重、悠扬远播的钟，才是传递梵音的绝佳器物。

根据现代物理学的研究成果，钟的造型与材质，是决定声音的最重要的因素。从永乐大钟的钟体造型和选材来看，无疑吸收了战国时成书的《考工记》所总结的铸钟经验，比较恰当地处理了钟的形状、厚薄与音质的关系，同时也考虑到了钟体合金比例对音质的影响。所以，永乐大钟轻击时，音色清澈和雅，圆润悦耳；重击时，音色浑厚洪亮，余音悠扬。声音最远可传45千米，尾音长达2分钟以上，令人称奇叫绝。设计者可能是在想：敲钟一次，就等于吟诵了铸在钟身上的23万字经咒，且声布百里，岂不是普度众生，功德无量！

这么重的大钟，怎样的钟蒂才能将它抓牢？又如何悬挂支撑？这就不得不提大钟的第四个奇迹——巧妙的力学设计。

聪明的工匠将钟蒂做成龙爪形状，四爪牢牢抓住钟体上端，末端微微膨大为四个球面，确保大钟吊起后不会拔出和滑脱。钟蒂里还加进了钢芯，浇铸进钟体。它和大钟的融合看上去无缝无隙，浑然天成。大钟的悬挂纽是靠一根 165 mm×65 mm×1125 mm 的铜销钉连接的，与钟身相比显得很小。但不用担心，它里面也一样藏有钢芯。力学专家做过动态计算，销钉可承受的钟体摆动速度为每秒15.4米。即使将大钟倒竖着举起，再任其自由落下做加速运动，也不会将销钉挣断。支撑悬挂大钟的木梁和微微内倾的支柱，经过几百年多次强烈地震的严峻考验而纹丝不动，可见它们也牢固异常。

大钟的搬运安放更是显现了中国古人的智慧。没有重型机车，工匠们在搬运的路途中每隔500米挖井一口，利用北京冬季滴水成冰的气候，沿途泼水修筑了一条冰路，并且在目的地先安放大钟，再修建寺庙，轻巧地解决了搬运安放问题。

在没有现代流水线作业的明朝，如此巨大的铜合金钟体怎样才能一次浇铸成型？不同比例、不同熔点的金属怎样才能均匀混合？钢芯又该如何铸入？经过反复研究和考证，明代的能工巧匠已能纯熟地使用商周时代的陶范法（烧陶成模子）了。他们在平整的地上挖出设计好的大钟模型培紧压实，再按模型用泥土分七节制出供铸造使用的内外模，低温阴干成陶坯。再根据钟体不同断面的半径和厚度车刮内模，最后将七个陶坯内外圈依次对接如七级浮屠（宝塔）形状，分别烧制成浑然一体的大钟内外陶模。内模紧贴地上挖出的大钟模型泥土烧接，再按钟体厚度在外预留空间安放陶制外模，外模之外的空隙用泥土培紧夯实。钟蒂抓住钟体的四只龙爪末端呈球面微凸，这是四个浇铸口的位置，同时也加固了钟蒂。于是，几十座熔炉沿四条槽道排开，炉内火光冲天，铜汁翻腾；地坑里内外模同时高温预热。蓄满炉膛的铜汁奔泻而出，注入陶模，这口巨型大钟便一气呵成了。钟蒂和铜销钉，则用失蜡法留出空间，最后注入钢汁冷却为加固的钢芯。

永乐大钟钟楼

冷却也极其关键。因为坑内是一千多度的铜汁，必须控制冷却速度，防止钟体炸裂。世界著名的俄罗斯大钟就在冷却过程中遭遇工厂失火，灭火时骤然的降温使钟体炸裂一块，结果沦为一口哑钟。而孕育永乐大钟的地坑，是一个天然的自动冷却系统。在工匠们的精心呵护下，永乐大钟终于在自然降温中诞生。

如此高超的铸造工艺，在当时绝对是世界领先水平。即使在今天，要复制这座大钟也很不易。这就是大钟的第五项奇迹！

从永乐大钟的身上，我们可以看到明朝中国不仅在采矿、冶炼、铸造、工艺设计、声学、力学、书法等领域的非凡成就，更能感受到明朝强大的综合国力。连同同期铸造的63吨重的报时钟，在当时的生产力水平下，世界上其他国家恐怕就是举全国之力也难以办到。

永乐大钟，中国钟文化的集大成者，当之无愧的钟王。现在为保护起见，只在节假日敲响三次。它彰显盛世强音，是中华文明的瑰宝！

明

清

我国现存最古老的藏书楼

位于浙江省宁波市的天一阁，恐怕是随着学者余秋雨《风雨天一阁》一文的流行，才再度进入广大读书人的视野的。

天一阁实在是不该被遗忘的地方，尤其对于读书人来说。这座始建于明嘉靖四十年（1561年），由当时退隐的兵部右侍郎范钦主持建造的藏书楼，是中国现存年代最早的私家藏书楼，也是亚洲现有最古老的图书馆，世界最早的三大家族图书馆之一。

天一阁秦氏支祠戏台

天一阁之名，取自汉代郑玄《易经注》中"天一生水"之说。因为火是藏书楼最大的祸患，而"天一生水"，可以以水克火，所以取名"天一阁"。书阁是硬山顶重楼式，面阔、进深各有六间，前后有长廊相互沟通。楼前有"天一池"，引水入池，蓄水以防火。康熙四年（1665年），范钦的重孙范文光又绕池叠砌假山，修亭建桥，种花植草，使整个楼阁及其周围景色呈现出江南私家园林的风貌。

阁主范钦本是嘉靖朝的进士，他为官刚直守正，常触怒权臣郭勋、严嵩，仕途也就有些坎坷。不过，这倒成全了平生喜欢收集古代典籍的范钦，他借四处为官的机会，遍搜各地藏书。一些他人不愿意转让的珍稀古籍，他就自己借来抄录或者刻印。等他从兵部右侍郎的职位上退休后，已积聚了数量不菲的书籍，于是修建了天一阁藏书，以此安度余生。不久，他又得到鄞县（今宁波市鄞州区）李氏万卷楼的残存藏书，存书达到了七万多卷，其中以地方志和登科录最为珍稀，还有像《国子监监规》、《武定侯郭勋招供》之类的官书，是当时供高级官员阅览的内部资料，为一般藏书家难以收藏。

历代藏书家很多，藏书能保存百年以上的却不多见，而范氏藏书到新中国成立已历经十三代四百余年。他们的秘密何在呢？我们从一个故事也许能看出些端倪——

天一阁藏书楼

据说，范钦八十余岁临终时，立下了一份不可思议的遗嘱，把财产分为两部分，一份是万两白银，一份是全部藏书。大儿子范大冲与二儿媳垂立床前（二儿子已去世），老人让二人挑选。你也许会产生疑问：这些书固然值钱，可继承它不是用来换钱花的，而且保存书是要花钱的。选择了书的却不给钱，岂不是要难为后人？这哪里是要保存图书，明明是传与儿孙换酒喝嘛。可是长子不仅毫不犹豫地选择了藏书，还立誓将书代代传下去。

老人欣慰地笑了。他知道，富不过三代，对金钱、物质享受刻意追求的人，无论如何不可能永久地将藏书事业保持下去。太多的藏书世家最终不得不变卖藏书的事实，让他明白了一个道理：只有一心把藏书当做人生全部追求的

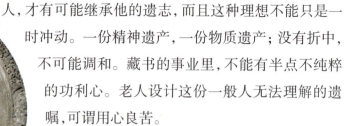

天一阁内的墙面雕花

人,才有可能继承他的遗志,而且这种理想不能只是一时冲动。一份精神遗产,一份物质遗产;没有折中,不可能调和。藏书的事业里,不能有半点不纯粹的功利心。老人设计这份一般人无法理解的遗嘱,可谓用心良苦。

范大冲将其父"书不可分"的遗言供奉为神圣的祖训,立下极为严格的处罚规则:子孙无故开门入阁者,罚不与祭三次;私领亲友入阁及擅开书橱者,罚不与祭一年;擅将藏书借出外房及他姓者,罚不与祭三年;典押事故者,除追惩外,永行摈逐,不得与祭。在当时,不允许参加祭祖大典,即不被承认是家族成员,是属于对犯下十恶不赦之罪的人的惩罚,非常厉害。此外,他还将书楼的大门、书橱分别用多把大锁锁牢,儿子们每家发一把钥匙。每年秋高气爽之时,所有范家子弟要齐聚楼前,每家掏出钥匙,一齐打开楼门锁,共同上楼晾晒书籍。其他还有如"烟酒切忌登楼""代不分书,书不出阁"的规定,防火、防水、防虫、防鼠、防盗等各项措施,可以说制度严明周密。

藏书自然是为了读书,可读书就有可能损毁藏书。范家藏书,有一个奇特的现象:除了家族成员,谁也不知道他家藏了些什么书;就是家族成员想要去看,想到要麻烦那么多人开锁,恐怕也不敢妄生此念。据说,宁波知府丘铁卿的内侄女钱绣芸,因为想看天一阁的藏书而嫁到范家,结果发现范家规定女人(也许是媳妇)不得入阁,最终还是没能看到。直到清康熙十二年(1673年),大思想家黄宗羲才有幸成为外姓人登阁第一人! 允许黄宗羲登阁的是范钦曾孙范光燮。至此，天一阁有了可以向真正的大学者开放的不成文规矩。而此后两百多年真能登阁读书的，也不过十余人而已，文人学者都为能登此楼阅览古籍而自豪。

也许正是因为管理十分严格，天一阁曾在明清战乱时期逐渐淡出人们的视野，这也使之得以在战祸中保全存书。直至建阁后的第211年，即乾隆三十七年（1772年），天子下诏修撰《四库全书》，令天下献书。范钦的第八世孙范懋柱进献了天一阁珍贵古籍638种，6万余卷，其中有96种被收录在《四库全书》中，有30070余卷列入存目。作为回报，天一阁得到了一部内府铜活字本《古今图书集成》一万卷的嘉奖。当时，乾隆因惊异于天一阁藏书楼营建格局的科学性，敕命测绘天一阁房屋、书橱的款式，仿造了著名的"南北七阁"，用来收藏七套《四库全书》，天一阁从此名闻全国。

天一阁在道光九年（1829年）由范氏后人范筠甫、范邦冉等大修了一次。据周彦《范氏重修天一阁记》记载，当时"上自栋瓦，下至阶庭，左右墙垣，罔不焕然一新，阅八月而告成。明年更复修砌岩石（假山），浚深池水，所费计千余缗"，同时还修订了管理制度。

不过在范家四百多年的收藏历史中，还是有过几次失窃，虽经范氏族人想方设法不惜重金将书赎回，但散佚在所难免。咸丰十一年（1861年），太平天国军队进攻宁波时，当地小偷趁乱拆墙偷书，有的书竟然被当做废纸论斤卖给造纸作坊。最严重的一次是在1914年，上海书商勾结一个小偷，一连数天，几乎把天一阁一半的珍贵书籍给偷走了。到1940年，阁内的藏书仅存1591部，共13038卷。解放后，专门设置了管理机构，探访得到流失在外的3000多卷原藏书，又增入当地收藏家陆续捐赠的古籍，仅珍本、善本就达到了8万多卷。

范家不仅创造了中国私人藏书最长的历史，更以一种近乎宗教般的敬畏守护了中国古代文化典籍。现在学者们正加紧研究其藏书所保存的珍贵文献资料，已经有了原以为早已散佚的宋朝《天圣令》（唐令）等惊世发现。

天一阁是中国文化薪火相传，永远不会熄灭的象征。

明

清

"万园之园"圆明园

请您用大理石、汉白玉、青铜和瓷器建造一个梦，用雪松做屋架，披上绸缎，缀满宝石……

这儿盖神殿，那儿建后宫，放上神像、放上异兽，饰以琉璃、饰以黄金、施以脂粉……

请诗人出身的建筑师建造一千零一夜的一千零一个梦，添上一座座花园，一方方水池，一眼眼喷泉……

请您想象一个人类幻想中的仙境，其外貌是宫殿，是神庙……

圆明园大水法石雕

这是法国伟大的浪漫主义作家维克多·雨果对圆明园的惊叹。不要说现实世界，人类所能想象的财富，一切的诗人、作家、画家、建筑设计师等所能想象到的美，不敢奢望能变成现实的东西在这里全都变成了真实存在。置身圆明园，绝大多数人都有不真实的感觉——这绝不是人间所能达到的奇迹。

这种不可思议的人间奇迹是怎么创造出来的？

据说，向往白山黑水林区生活的康熙皇帝，很不适应高墙深院的紫禁城夏季炎热的气候。故宫方正庄严的建筑结构，皇帝的一举一动都要遵守严格规范的程序，这些都使他深感拘束。他想要另造舒适的住所，获得生活的安逸。北京的西郊，有连绵不断的秀峰，遍地的自流泉，汇成大大小小的湖泊池沼。绝美的天然山水风景，自然是绝好的安居之地。康熙皇帝南巡归来后，江南山水风光和园林的秀美幽雅令他怀念不已。他利用西郊已荒芜的明朝"京师第一名园"清华园（非今日清华园）残存的水脉山石，在其旧址上仿江南山水营建畅春园，作为在郊外避暑听政的离宫。康熙四十八年（1709年），他又下令在畅春园北不远处建了一座园林，赐给第四子胤禛（即后来的雍正皇帝），命名并亲题园额"圆明园"。胤禛崇信佛教，号"圆明居士"。他解释说，"圆"是指个人品德圆满无缺，超越常人；"明"是指政治业绩明光普照，完美明智。所以，此园寄托了父子二人的政治和人格理想。

雍正继位后，可能是为了堵住说他篡位的流言，立即着手扩建父皇赠送给自己的圆明园。同时在政治上励精图治，严惩贪官污吏；文化上大兴文字狱，肃清一切不利于自己统治的思想言论，保证全国只有一个脑袋在思考。经济迅速发展，国库开始充盈，但朝野上下，一片肃杀之气，雍正也觉得在紫禁城办公不舒服了，于是索性在圆明园南面增建了宫殿衙署。

明

清

圆明园大水法（铜版画）

圆明园的规划和设计由皇家画院负责，总设计师就是皇帝本人，所有的设计工作最后都由皇帝亲自审定。像康熙一样，雍正在艺术上也有很深的造诣，皇家画院又集中了帝国最优秀的画家，因此，圆明园的设计既蕴涵着中国传统文化积淀了几千年的审美情趣，又处处铭刻着总设计师雍正自己的理想和意志。设计思路是模仿中国南方迷人的自然风景，再现中国诗歌与绘画中的意境，将现实和想象中所有的美丽和诗意都汇聚在这座离宫中。画师们根据雍正的旨意规划设计并画出图纸，但是，这样的设计图（风景画）在今天看来几乎不可能变成现实。不过奇迹还是诞生了，它的创造者是一个鲜为人知的建筑世家——卓越的建筑工程师雷金玉及其家族。

　　清朝初期，雷金玉在修复被战火破坏的紫禁城时，因技艺超群被康熙看中，从此，雷金玉就成为皇家的总建筑师。在大清帝国两百多年的时间里，许多重要的皇家建筑都是雷家的作品。在完成畅春园之后，圆明园的修建又摆在了雷家面前。为了让自己的建筑方案便于皇帝修改，雷金玉发明了使建筑布局和空间形象一目了然的"烫样"——由木条、纸板等搭建而成的建筑模型。待通过审查后，再画出精确的施工设计图。这些施工设计图，现藏于中

圆明园废墟

国国家图书馆。今天我们只能通过这些两个多世纪前的图纸来想象当年圆明园的建筑盛况：

山起西北，水流东南，契合中国的地势。西北面一座巨大的假山，这是帝国西部昆仑山的象征。东面一个巨大的人工湖，象征着帝国的东海，湖中三座宫殿，是传说中东海上三个住着神仙的岛屿（蓬莱、方丈、瀛洲）。

3000亩的园林内掩映着将近200座宫殿，核心地带是处理朝政之处和皇室居住的地方，24000名皇家卫队士兵日夜巡逻。工作区和居住区用一个人工湖隔开，湖的形状被设计成大清疆域的轮廓。沿湖分布九个人工岛屿（九州），环抱于九岛之中的这群宫殿，正是皇帝和他的嫔妃们居住的地方。九州是中国领土的代称，而皇室就是整个帝国的中心。每个晚上，主宰着帝国的雍正就是在这儿进入梦乡。九州一片安宁，湖水波平浪静，大清的天下永久太平——"九州清晏"！皇权至上的理想，深深地烙在了圆明园。

史书记载，一年三百六十天，圆明园天天花开似锦，园中仅管理花草的太监和工匠就达300多人。此时的园林，安居、工作、娱乐、休闲配置和谐，是理想的诗意与现实需求的完美结合。可是，雍正25岁的儿子乾隆继位后，圆明园逐渐演变成欲望的汪洋大海。

乾隆皇帝在圆明园内调整了园林的景观，继续扩大规模，增添了建筑组群，并在圆明园的东邻和东南邻兴建了长春园和绮春园（同治时改名为万春园）。到完工时，圆明园已是用整整一个世纪修建的旷世园林了。100多组景观，将近1000座宫殿，占地5000多亩，有600个足球场大。陆上建筑面积比故宫还多一万平方米，水域面积就等于一个颐和园，总面积竟相当于8.5个紫禁城！

如同一个从不知道节制的贪婪的孩子，乾隆誓将天下风景名胜、建筑奇观，甚至只是诗、书、画、神话传说中想象出来的美好事物全部搬到自家园子。不仅中国，连西方的凡尔赛喷泉、威尼斯水城等等也积极效仿。不仅要有，还要超越。

圆明园十二生肖铜兽首中的鼠首和兔首

除了园林和建筑，他还要收藏世界奇珍异宝。名人字画、秘府典籍、钟鼎宝器……甚至连摹刻仓颉、夏禹、孔子等99人的书法名迹帖，这里都有收藏！

圆明园不仅是一座异木奇花之园，这里名贵花木多达数百万株，也是集中了古代文化精华的博物馆。目睹过完整圆明园的西方人把它称为"万园之园"。的确，如果今天它还和一百多年前一样，那这座超级巨型园林就是当之无愧的"世界园林之王"了。

凡人无法想象，因为他们根本没有任何机会见到，也无法用数字来衡量其经济和文化价值，天文数字都还不够用。这里聚集的珍宝，我们只能从一些外国人士的片言只语中去捕捉。

雨果说："即使把我国所有的宝物加在一起，也不能同这个规模宏大而富丽堂皇的东方博物馆媲美。"

抢劫过圆明园的军官说："法国所有的皇家城堡和宫殿加起来也抵不上一个圆明园。"

"到处都是宫殿，其中充满着古玩、书籍、绫罗绸缎和各种珍宝，这是一千零一夜中的场景，是一种幻境！"

"就是狂想也想象不出我们眼前确实存在的现实，必须有一位诗人、画家、鉴赏家、历史学家和中国学者集于一身的人才能解释和形容。"

1760年，圆明园改扩建完工。50岁的乾隆自豪地迷醉在"中国最伟大的帝王""无冕的世界之王"的赞美声中。而此时，英国工业革命正在如火如荼地进行，剧烈的变革在西方已经发生。

1793年，乾隆拒绝了特使马戛尔尼勋爵有关中英贸易的请求，认为大清乃天朝上国，无所不有，用不着与西方蛮夷互通有无。过了46年，英国人用大炮护送了一批鸦片来中国。因为勋爵告诉他们的国王，说东方有一个傻孩子，家里聚集了要用天文数字来计数的奇珍异宝。此时距离曾想再活五百年的乾隆去世仅仅44年。乾隆其实不必再活五百年，他只要再活60年，就会看到"无所不有"的圆明园被洗劫一空，他苦心经营的"盛世"在冲天的火光中是那样不堪一击。

明

清

魅力国粹

明 清

神奇的景泰蓝

"**9072**万元（人民币），最后一次，9072万元，成交！"

随着拍卖师激情四射的语调，一记重锤敲响，一对景泰蓝工艺品拍卖的世界最高纪录诞生。

这是发生在2008年中贸圣佳拍卖公司春季拍卖会上的一幕。这对高28厘米的"掐丝珐琅多穆壶"，是藏族人民盛酥油茶的器皿，清乾隆年间宫廷造办处精心制作的宫廷陈设品，造型具有浓郁的民族风格，体现了藏、蒙、满、汉各族的团结。铜质精纯，釉质细润，为清乾隆时期宫廷御用精品。

这只是散落在民间的部分景泰蓝藏品中的一件代表作品，更多更为珍奇的藏品则在故宫博物院。如果它们流入市场，"价值连城"这词一点也不显得夸张。撇开文物价值不论，即使是现当代制作的上品景泰蓝，价格也动辄数万、数十万乃至数百万。

那么景泰蓝究竟是一种什么样的工艺品，为什么就这么"值钱"呢？

简单说来，就是因为它用料考究昂贵，工艺要求极其精细复杂，基本没有一个人能够独立完成一件精美作品

（粗制滥造的一般作品不算）。虽然是与玉雕、牙雕、花丝镶嵌、金漆镶嵌、雕漆、内画、漆画齐名的工艺美术"燕京八绝"之一，但景泰蓝的实际制作比之其他七种工艺远为复杂，它的成品率很低，要得到一件精品很多时候只能靠运气，所以，它"费而不惠"，不可能便宜。

景泰蓝的"景泰"是明朝皇帝的年号，那它应该是明朝的工艺品了？

错。景泰蓝工艺始于元朝，而且是"舶来品"。传入时叫"大食窑"、"鬼国嵌"，后来大概是嫌名字不雅，起了个学名叫"掐丝珐琅"。忽必烈西征时，从阿拉伯一带（史称"大食国"）带回了一些这样的工艺品。这种工艺品首先在云南一带流行，以后受到京城人尤其是景泰皇帝的喜爱。由于明朝的开国皇帝朱元璋制定了专业化的职业制度，祖辈从事什么职业，儿孙也只能继承这个职业，不允许私自随意改行，所以到景泰朝，"匠户"一般都有世代相传的绝活，因而制作景泰蓝的工艺得到飞速发展。品种除了盒、盆、碗、烛台等日用品以外，还有花觚、鼎、尊等礼器摆设；装饰图案更是多姿多彩，人物、花鸟、动物、果实、风景，不胜枚举。最为重要的是，当时创造出了许多新的釉色，仅蓝色就有钴蓝、天蓝、宝蓝、普蓝、粉青等。这些工艺品釉质优美沉稳、坚实浓郁、润泽光亮，形成了具有中国工艺特色的珐琅艺术。由于许多器物多以蓝釉打底，创造了以蓝为主色调的风格，并且这种工艺因为景泰皇帝的弘扬才成熟，所以荣膺"景泰蓝"之名。在景泰蓝的制作工艺上，中国比之外国，可说是青出于蓝而胜于蓝了。美国1904年圣路易斯世界博览会和1915年旧金山巴拿马世界博览会上，中国送展的景泰蓝都获得极高赞誉。

景泰蓝制作工艺繁复，从整体设计到制胎、掐丝、烧焊、点蓝、烧蓝、磨光、镀金等，要经过十余道主要工序。如果连小的工序也算上，一件制品据说要经过108道工序，而且是纯手工制作哦。

为了让大家明白什么是"鬼斧神工"，这里挑几道工序介绍一下——

掐丝。一段轧扁的铜丝，一把小镊子，在掐丝艺人手中仿佛有了灵气，

明

清

景泰蓝释迦牟尼坐像

七折八拧，弯来绕去，就化作一只凤头、一条龙身、一朵牡丹、一尾金鱼……接着用白芨粘在拼接成器物造型的铜胎上，一幅幅用扁铜丝勾勒的立体素描鸟鱼虫兽、山水人物、四季花卉、龙飞凤舞等图案，经过掐丝艺人"心运其灵，手熟其巧"，便跃然胎上。

点蓝烧蓝。上百只小碟盛着不同的色釉原料，点蓝师傅用一种特殊的工具"蓝枪和吸管"作画笔，选配不同的色釉原料，一点一滴地填入铜丝图案的空白处，使器物表面形成一幅铜丝勾勒的水粉画。等这些色釉干后再放入700℃～800℃的高炉中烘烧，色釉由砂粒状固体熔化为液体，冷却固着在胎体上。此时色釉低于铜丝高度，所以得再填一次色釉，再经烧结，一般要连续四五次，直至色釉与掐丝相平。

磨光，俗称"磨活"。这是整个景泰蓝生产工序中最苦最累的一道。首先要用金刚砂石把产品表面高出掐丝部分的釉料磨平，使花丝显露出来，然后用黄石磨去釉料上的火亮、黑丝，再用椴木炭蘸水横向纵向地再磨，直到产品发出均匀的亮光为止。

经过这道工序，原来如同水粉颜色的色釉原料发生了奇妙的变化，似玉比玉透明，似琥珀比琥珀光彩夺目，集玉的温润、珠宝的光辉、瓷的细腻于一身。奥妙何在？当然是彩釉的原料。它们都是天然矿物质，原理类似烧制玻璃。优质的色釉烧制后，色彩深沉而绚丽，蓝像宝石蓝，红像宝石红，绿像松石绿，绝对的珠光宝气，富贵逼人，而且不会退色老化。

现在可以想象景泰蓝的金贵了吧？胎选金、银、铜，色釉需精选天然矿石、宝石加工提炼，镏金工艺还要耗金。原材料的价值毕竟有限，其工艺的艺术价值才是整件作品贵贱的决定因素，可用形、纹、色、光四字来概括。一件精美的景泰蓝器物，首先要有良好的造型，这取决于制胎；还要有优美的装饰纹样，这取决于掐丝；华丽的色彩取决于釉料的配制、煅烧；辉煌的光泽完成于打磨和镀金。还有，将色釉与胎体烧接的冶炼技艺更是匪夷所思（现在你明白掐丝工艺的另一项作用了吧——分割大块色釉，防止因热胀冷缩的不同而使色釉与铜胎脱离、龟裂）。因此，上好的景泰蓝必须融工艺造型、色彩、装饰、镶嵌、雕刻、冶金等多个领域的顶尖技术为一体，可以说是"没有最难，只有更难"。

因此，景泰蓝从诞生开始就注定与寻常百姓无缘（工匠们恐怕也只有完工后看看的福分），只能留在宫廷供御用，少量用于赏赐和国礼赠送。所以其工艺高峰在明朝宣德、景泰后，只在清朝的康乾时期才又有过一个小高潮。其余时期，多为仿拟制作，且工艺水准严重下降。

不过也不能一概而论。现在，随着景泰蓝工艺的不断发展和市场的需要，一些异形产品、实用产品、旅游纪念品，以及高、大、精、尖、高品位的景泰蓝大量产生，新品种、新花色、新工艺不断涌现，近几年来还出现了脱胎景泰蓝、银胎景泰蓝、画珐琅与掐丝珐琅相结合的景泰蓝、机制景泰蓝、仿日本七宝烧的银晶蓝，以及多种工艺相结合的景泰蓝。特别是多工艺结合景泰蓝尤为突出。这是一种以景泰蓝工艺为主体，然后与牙雕、玉雕、木雕、漆艺以及花丝镶嵌等工艺结合的工艺制品。

2006年5月，景泰蓝制作技艺被列入我国首批国家级非物质文化遗产名录。景泰蓝已经有望走入寻常百姓家了。

明清

景泰蓝多穆壶

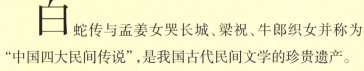

白娘子和许仙的故事

白蛇传与孟姜女哭长城、梁祝、牛郎织女并称为"中国四大民间传说",是我国古代民间文学的珍贵遗产。

"白蛇传"的传说由来已久,在唐传奇和宋话本中已隐约可见它的影子,但其成形、发展和完善则是在明清两代。现存较早的定型文本,为明代洪楩《清平山堂话本》中的《西湖三塔记》。明代已有人将其编成戏曲,搬上舞台。冯梦龙的《警世通言》又将其记录整理,题为《白娘子永镇雷峰塔》。至此,白蛇传的故事基本完整。清代初年戏曲家黄图珌的《雷峰塔》、乾隆年间著名戏曲家方成培的《雷峰塔传奇》,进一步丰富了白蛇传的情节,从此白娘子和许仙的故事更加丰满生动,赢得了数百年来华夏民众的广泛喜爱。

白娘子和许仙的故事是这样的:宋绍兴年间的一个清明,春光明媚,西湖边草长莺飞,断桥上游人如织,好一派祥和的景象。突然,从西湖底下悄悄升上来两个貌美如花的姑娘。原来,她们是两条修炼成了人形的千年蛇精!虽然如此,但她们并无害人之心,只因羡慕外面的花花世界,才一个化名"白素贞",一个化名"小青",来到这西湖边游玩。

偏偏天公不作美，这时突然下起瓢泼大雨来。白素贞和小青被淋得浑身湿透，正在一筹莫展之时，突然发现头顶上多了把伞。抬头一看，原来是一位年轻英俊的书生，正撑着伞为她们遮雨呢。白素贞和这位书生四目相对，不约而同都红了脸。两个情窦初开的少男少女从此暗生情愫。善解人意的小青看在眼里，决心成人之美做一次红娘，忙说："多谢客官！请问客官尊姓大名，仙乡何处？"书生道："我叫许仙，父母双亡，祖上世代行医，就住在这杭州城涌金门黑珠巷的姐姐家里。"第二天，小青拉着白素贞到许仙家里拜谢借伞之恩，三人聊得十分投机。在小青的撮合下，白素贞和许仙经常见面，两个人的感情越来越好，最终结成了夫妻。

瓷胎粉彩《白蛇传》
人物鼻烟壶

成亲之后，许仙自立门户，和白素贞搬到镇江去开了个"保和堂"药铺。许仙给人看病切脉，白素贞为人开方抓药，夫唱妇随，小日子过得十分甜美。由于"保和堂"治好了很多疑难病症，而且给穷人看病配药还分文不收，所以药铺的生意越来越红火，慕名而来找许仙夫妇治病的人越来越多，人们亲切地将美丽温柔的白素贞称为"白娘

子"。然而，"保和堂"的兴隆却惹恼了一个人，谁呢？那就是金山寺的方丈法海和尚。因为人们的病都被白娘子治好了，到金山寺烧香拜佛的人就少多了，香火不旺，法海和尚自然就不高兴了。这天，他来到"保和堂"前，看到白娘子正在给人治病，不禁妒火中烧，再定睛一瞧：哎呀！原来这白娘子不是凡人，而是条白蛇变的！

这下法海和尚找到了白娘子的软肋，他决心乘机拆散许仙白娘子夫妇，搞垮"保和堂"。于是，他偷偷把许仙叫到寺中，对他说："你娘子是蛇精变的，你快点和她分手吧，不然，她会吃掉你的！"许仙一听，非常气愤，他说："我娘子心地善良，怎么会是蛇精呢？况且，就算她是蛇精，也没有害过人，更不会害我，何况她如今已身怀六甲，我怎能离弃她呢！"法海见许仙不上他的当，恼羞成怒，便把许仙关在了寺里。

许仙的突然失踪，让白娘子十分焦急。她四处打听，终于得知许仙是被金山寺的法海和尚给扣住了。白娘子赶紧带着小青到金山寺，请求法海放回许仙。法海见了白娘子，一阵冷笑，说道："大胆蛇妖，我劝你还是快点离开人间，否则别怪我不客气了！"白娘子见法海拒不放人，无奈之际，只得拔下头上的金钗，迎风一摇，掀起滔滔大浪，向金山寺直逼过去。法海眼见水漫金山寺，连忙脱下袈裟，变成一道长堤，拦在寺门外。大水涨一尺，长堤就高一尺，大水涨一丈，长堤就高一丈，任凭波浪再大，也漫不过去。白娘子因有孕在身，渐渐体力不支，难敌法海。后来，法海使出欺诈的手法，将白娘子收进金钵，压在了雷峰塔下，并留下一偈语：西湖水干，江湖不起，雷峰塔倒，白蛇出世。就这样，白娘子和许仙这对恩爱夫妻被活生生地拆散了。

小青逃离金山寺后，经过几十年潜心修炼，最终打败了法海，救出了白娘子和许仙。直到今天，我们吃螃蟹的时候，揭开壳，还能在里面找到一个躲着的"秃头和尚"，据说这就是被小青打得无路可走躲进蟹壳的法海和尚！

白娘子和许仙的故事寄予了人们对纯真爱情的美好愿望。京剧、越剧、粤剧、评剧、川剧、秦腔、皮影戏等数十种戏曲曲艺形式,都曾改编和演出过这个故事。根据这部民间传说改编的影视剧作品也格外受到人们的追捧。

虽然白娘子的故事仅仅是个传说,但因为曾传人们在重修雷峰塔时,真在旧塔的塔基里发现了一窝蛇,使得大家纷纷猜测,似乎更愿意相信白娘子是真实存在过的,可见人们对这个善良蛇精的钟爱。直到今天,与《白蛇传》有关的名胜,如断桥残雪、雷峰夕照等西湖景点,仍然是人们想象白娘子绝美风华的旅游必到之所。

明

清

国酒茅台的故事

巴拿马世博会奖牌

1915年,巴拿马世界博览会在美国旧金山隆重举行,贵州茅台酒作为中国名优产品参加了展出。或许是因为当时中国四分五裂、积弱积贫,在世界上没有地位;或许是因为包装得简陋、"土气"而不起眼,作为中国历代朝廷贡品的茅台酒一直未引起组委会的重视。眼看世博会评酒会就要结束了,我国代表不甘心空手而归,急中生智,拿起一瓶茅台酒佯装失手。酒瓶跌落地上,顿时石破天惊,浓郁的酒香征服了评委,茅台酒获得金奖,从此享誉全球。

茅台酒产自我国贵州省仁怀市赤水河畔茅台镇一带。元末明初,具有一定规模的酿酒作坊就已经在茅台镇杨柳湾(今茅台酒厂一车间片区)陆续兴建,值得称道的是,茅台当时的酿酒技术已开创了独具特色的"回沙"工艺。至明末清初,仁怀地区的酿酒业达到村村有作坊。在此期间,茅台地区独步天下的回沙酱香型白酒已臻成熟。到了康熙四十二年(1703年),茅台白酒的品牌开始出现。以"回沙茅台"、"茅春"、"茅台烧春"为标志的一批茅台佳酿,成为贵州白酒的精品。乾隆年间,贵州总督张广泗向朝廷奏请开修疏浚赤水河道,以便川盐入黔,这使得茅台的酿酒业更

陈年茅台酒

加兴旺。到嘉庆、道光年间，茅台镇上专门酿制回沙酱香茅台酒的烧房已有20余家，其时最有名的当数"偈盛酒号"和"大和烧房"。到1840年，茅台地区白酒的年产量已达170余吨，创下中国古代酿酒史上首屈一指的生产规模。清朝著名文人郑珍写有"酒冠黔人国，盐登赤虺河"的诗句，就是反映茅台酒与当地社会经济和人文环境共生共荣、相得益彰的繁荣景象。

关于茅台酒，曾有一个美丽的传说——

千年前，赤水河畔的茅台村才十几户人家。一家富人，三间大瓦房，坐落在河畔的高处，特别显眼；其余都是穷人，住的是茅草棚，分布在河边。居住在这里的人们，都有酿酒的习惯。可那时，不管富人也好，穷人也好，酿酒的技术都很平常。

有一年的腊八节，四季气候温和的茅台村，破例地下了一场大雪。雪花漫天飞舞，寒冷异常。傍晚时分，在风雪中，走来一个衣衫褴褛、蓬头赤足的姑娘。

姑娘拄着木棍，走到富人家门口，见几个帮工正忙着在酒房煮酒，便停住了脚步，说："煮酒的大哥，我周身发冷，想要口酒喝，暖暖身子御御寒。"

帮工们见她冷得像筛糠，牙齿咬得咯咯响，纷纷用怜悯的目光注视着她。一个胆大的帮工拿起只土碗，从缸里舀了一碗酒，递给她。不巧，姑娘刚接过碗，主人就从房里出来了。他板起面孔，一把夺过姑娘手中的土碗，就势将碗里的酒往缸里一倒，气势汹汹地说："哪来的叫花子，快给我滚，少在这儿碍眼！"

姑娘不屑地瞪了他一眼，一声不吭，扭头就走了。

她沿着从山腰伸向河边的石板路，径直向那片茅草棚走去。在一间茅屋的屋檐下，她停住了。屋里一个两鬓斑白的老头正在用篾条箍酒甑，灶门前，有个老婆婆在生火。姑娘走上去说："老人家，行行好。"

老头抬头看见一个穿得破破烂烂的姑娘立在门口，十分可怜，便说："外面风雪大，快进屋里来！"

姑娘走进屋里，老头将她带到灶门前，吩咐老伴将火再生大一点，让姑娘在火边坐下，自己便进房间里，把剩下的一点酒倒出来，盛在碗里递给姑娘："先喝口酒暖和暖和吧。"姑娘也不推辞，接过酒一饮而尽，连声赞叹："好酒！好酒！"

老婆婆翻箱倒柜，刷锅弄碗，打算烧点饭给姑娘吃。姑娘连忙制止，站起身来，做出要走的样子。老头忙说："天已经黑了，外面又冷，你去哪儿？"

姑娘说："没个家，走到哪儿算哪儿吧。"

老婆婆走上前来拉住姑娘的手说："可怜的孩子，我们都是穷人，别讲客气了。恰好我闺女出门去了，你就在她屋里住下吧！"说着，把姑娘带进了女儿的房间。

安顿好姑娘后，老婆婆也去睡了。老头继续箍酒甑，箍着箍着，不知不觉进入了梦乡。他恍恍惚惚地看见一个仙女，头戴五凤朝阳冠，身穿缕金花绸袄，下着翡翠百褶裙，脖上挂着赤金项链，肩披两条大红飘带，袅袅婷婷，立于五彩霞光中。只见她手捧夜光杯，将杯里的琼浆玉液向着茅台村一洒，顿时出现了一条清澈的溪流，它从半山腰直泻而下，注入赤水河中。突然，

仙女手中的夜光杯不见了，手里出现了一根木棍。她用木棍在富人的三间大瓦房和那片茅草棚之间的河水中划了一下，便消逝了。随即，老头的耳边响起了一个亲切的声音："就用小溪里的水酿酒吧。快，水进屋了！"

老头一惊，睁开眼，已是早晨了。他忙进女儿房中，姑娘不见了，一切依旧。大门也关得好好的。这时，老婆婆也起床了："老头子，你说怪不怪，昨晚我梦见一位仙女……"

老头二话不说，忙打开大门来看，只见东方霞光万丈，一轮红日冉冉升起。村边出现了一条清澈的小溪。

老头兴冲冲地提起水桶，在小溪里舀了一桶，将这水用来酿酒。没几天，酒酿出来了。一品尝，色香味俱佳！老头把穷哥儿们都找来，你尝一口，我尝一口，大家齐声赞叹："好酒！好酒！"

从此，茅台村的人们就用这条溪流的水酿酒。说来也怪，富人家酿的酒，质量越来越差，好像放了醋一样，坛坛酸溜溜的，不久便衰败下去了。穷人们酿的酒，质量却越来越好，清澈透明，芳

古代酿酒图

香扑鼻,口味甘醇。至此,茅台村酒业大兴,许多名商巨贾慕名而来,争买这里的酒,销售到全国各地。

后来,茅台村的人们为了纪念这位"仙女",便将"仙女捧杯"作为茅台酒的注册商标,并特意在瓶颈上系两条红绸带子,以象征仙女披在肩上的那两条红飘带。

1949年10月1日,中华人民共和国成立,当天晚上,毛主席在北京饭店举行开国第一宴,周总理专门安排用库存于北京饭店的100多瓶茅台酒款待中外嘉宾,共庆建国。这便是茅台酒被称为"国酒"的开端。

从此,茅台酒就成了国宴和其他重要宴会的必用酒,成了党和国家领导人馈赠外宾的珍贵礼品。在国人心目中,茅台酒是国事酒、外交酒、庆功酒、壮行酒、礼品酒。

今天,茅台酒已销往世界140多个国家和地区,先后14次荣获国际金奖并蝉联历次"国家名酒"评比之冠,被誉为"玉液之冠"、"祖国之光"。它就像一张"中国的名片",成为彰显中华文化魅力的鲜活载体。

满汉全席与清代盛宴

说起满汉全席，自然让人想起清朝。据说，清入关以前，饮食还不太讲究，宫廷宴席非常简单。一般宴会都在露天举行，大家在地上铺上兽皮，围拢一起，席地而坐，类似于今天的野餐。《满文老档》记载："贝勒们设宴时，尚不设桌案，都席地而坐。"菜肴，一般是火锅配以炖肉，猪肉、牛羊肉加以兽肉。皇帝出席的国宴，也不过设十几桌、几十桌，也是牛、羊、猪、兽肉，用餐刀割肉为食。

清入关以后，情况发生了很大的变化。清朝统治者为了显示皇朝的权势和声威，为了搞好与边疆的关系，为了显示满汉合一，为了激励臣下、笼络人才，当然也为了帝王生辰或者时令节日，在中国人素来重视的"吃"字上大做文章，极尽宴饮铺张之能事。

据《大清会典》和《光禄寺则例》说，康熙年间，最豪华的宫廷一等宴席称为蒙古亲藩宴，用来招待蒙古亲家朝会等大典，钦定每桌价银八两。按当时和现在的货币购买力初步估算，这种满席，每桌费用约合今天人民币4000元。

宫廷各种宴席，按照级别各有一定的标准：皇帝大婚、军队凯旋、公主或郡主成婚等各种筵宴，元旦、万寿、冬至三大节贺筵宴，也就是宫廷所设的"满席"，规定每桌价银四两四钱三分；设筵招待朝鲜进贡的正、副使臣，西藏达赖喇嘛和班禅的贡使，及蒙古王公等的"满席"，规定每桌价银三两三钱三分；赐宴经筵讲书，衍圣公来朝，越南、琉球、暹罗、缅甸、苏禄、南掌等国来使的"满席"，规定每桌价银二两二钱六分。还有赏赐大臣、与民同乐的宴席，其等次相应降低。这些宴席价格都不菲，最次一等一席的耗费也相当于当时普通百姓一家一年的收入。

如此繁多、盛大的宴席，自然要求有充足的人力、物力和高超的厨艺。因此，清廷在六部九卿中，专设光禄寺卿，专门管理大内筵席和国家大典时宴会事宜。

宫廷宴席如此，那么为人津津乐道的"满汉全席"究竟是在何时、何等场合出现的呢？抑或本来就没有什么正式的"满汉全席"这一名目？

有人说，满汉全席肇始于扬州。乾隆年间，江苏仪征人李斗所著《扬州画舫录》第四卷《新城北录》中，记载了一份为六司百官备办饮食的食单，称之为"满汉席"。

细看这份食单，除了驼峰、猩唇、熊掌、鱼翅、燕窝、鲍鱼、鹿尾、果子狸等因材料的名贵珍稀或受保护，今天一般人很难尝到外，其余菜肴各大城市的大饭店都不难做出。其中满汉饮食的交融特点也很明显。如将满族渔猎与林间采集所得的食物精华，配合以淮扬出产的江河海鲜、蚕蛹、鸡鸭鹅等有江南地域特色的饮食结构；既保留了满族的火锅、涮锅、烧烤等烹饪方法，更主要体现淮扬菜的做工精细，选料精巧，追求本味，清鲜平和的烹饪理念等。这一桌菜，炖、焖、煨、焐、蒸、烧、炒，将"以味为核心，以养为目的"的中国饮食文化精髓表现得淋漓尽致。

列举几个菜名，你就能体会到满汉席的特色：鲫鱼舌烩熊掌、米糟猩唇猪脑、假豹胎、蒸驼峰、蒸鹿尾、野鸡片汤、猪肚假江瑶鸭舌羹、鸡笋粥、芙蓉蛋、鹅肫掌羹、糟蒸鲥鱼、假斑鱼肝、西施乳、文思豆腐羹、甲鱼肉片子汤、茧儿羹……果品则有枯果十彻桌、鲜果十彻桌。简而言之，满汉席就是用淮扬帮的烹调特色做满族人爱吃的食物，再加地道的淮扬、江南等全国各地的名菜。

扬州人以"满汉席"讨得了大清皇帝及达官显贵欢心的示范效应，马上就风传到了全国各地。在"满汉席"这一质朴的名字间添一"全"字，更体现宴席备办者对招待的客人的恭奉敬畏之情。可以知道的是，清朝科举乡试结束，按惯例地方官招待朝廷主考（一般为皇帝身边的亲信重臣），很多人都挖空心思讨好巴结，大约"满汉全席"这一名称就在这一场合出现了。因为这类宴席不属于大典一类，而且多有私密性质，故不会留下文字记载。又因为类似的招待宴席目的明确，备办者殚精竭虑，重金礼聘名厨各呈绝技，不惜一切代价来取悦被招待者，所以用料、做工无不尽其所极，其耗费、排场远远超过正式大典宴席。例如"荷花大虾"这道菜，要经过三十九道极为精细的工序才能做成，有时甚至要用小镊子夹着各种颜色的配料来拼配。"金鱼鸭掌"，由抽去骨头的整鸭掌做鱼尾，用鱼肉茸做鱼身，用红樱桃做鱼眼，黄瓜丝做鱼鳞，成型后注入清汤，盘中鱼儿鲜活灵动，仿佛在游弋。

又有人说，"满汉全席"这一名称来源于20世纪初，在北京和天津献艺的著名相声演员万人迷编的一段"贯口"词，其中罗列了大量菜名，名为《报菜名》。在广为流传的过程中，就被附会成了"满汉全席"。近年来，在市场经济

清人的酒宴

的刺激下,饮食业开始动宫廷御宴的脑子来招徕生意,迎合市场,于是热炒"满汉全席"。一些前清"御厨传人"被人包装,更是把传说中的"满汉全席"变为了现实。

其实"满汉全席"是不是宫廷御宴,何时诞生并不是问题的关键。因为那些宴席场面,那些精美绝伦的菜肴,确确实实都在中国的历史上出现过。它们生动地诠释了中国悠久的饮食文化传统,成为中华美食的一个缩影。

国粹京剧的前世今生

"——幅幅鲜明的鸳鸯瓦，一群群生动的活菩萨。一笔笔勾描，一点点夸大，一张张脸谱，美佳佳……没见过那五色的油彩，愣往脸上画；'四击头'（即京剧中的锣鼓经，也称四记头）一亮相，美极了，妙极了，简直OK，顶呱呱……蓝脸的窦尔敦盗御马；红脸的关公战长沙；黄脸的典韦，白脸的曹操，黑脸的张飞，叫喳喳……紫色的天王托宝塔；绿色的魔鬼斗夜叉；金色的猴王，银色的妖怪，灰色的精灵，笑哈哈——"

许多朋友，尤其是青少年朋友，对于"国粹"京剧的了解，恐怕不会比这首《唱脸谱》的歌里写的内容多多少吧。但你可曾知道，已经变成我们日常生活用语的"不搭调"、"调门"、"假嗓"、"搭班"、"板眼"、"走板"等，原来都是京剧的专业术语呢。

2008年北京奥运会期间，"中国100元素"的调查结果显示，京剧名列第16位。这表明绝大部分中国人认同京剧是"国粹"。

京剧被外国人称作"Beijing Opera"。在国际艺术舞台上，它以奇异的异域特色倾倒了大批观众。其靓丽的色彩、夸张的服饰与造型、异域风情的舞美、眼花缭乱的武打、新

京剧行头

京剧中包公的扮相

奇的唱腔音响,让很多首次接触到它的外国观众,犹如享受了一场视觉听觉的饕餮大餐。而京剧虚拟化的艺术表现形式,超越了语言障碍,使很多文化水平高的外国观众不仅觉得新奇好看,也能理解其中所表达的意思。

说一个真实的故事。1979年8月1日,京剧《三打陶三春》在北京吉祥剧院首演,一炮走红;其后连演200多场,场场爆满。后来它又代表中国参加在英国伦敦皇家剧院举办的第三届国际艺术节,在没有任何翻译字幕的情况下,它竟然同样产生轰动,连演11场!演员们还惊讶地发现,有一位女士场场都坐在前排观看演出。后来一问,才知道她是美术专业的,是京剧的"忠实粉丝"。演出结束后,这位好奇的"粉丝"特别要求去台后摸摸陶三春的马鞭,看看陶三春脚上的那双绣花彩鞋。第二天,这位京剧"粉丝"把剧团全体演员送到机场,直到安检处才挥泪告别。当时比较"挑剔"的《泰晤士报》和《卫报》都对"陶三春"的到来做了正面的报道。有报纸这样说,"中国的京剧艺术像磁石一般吸引着观众"。

随着中国世界影响力的增强,京剧为越来越多的外国朋友所熟悉、喜爱,甚至有人前来中国拜师学艺。然而,诚如《唱脸谱》歌词所说的,"说的全是方言怎么听也不懂,慢慢腾腾咿咿呀呀哼上老半天。乐队伴奏一听光是锣鼓家伙,咙个哩个三大件,这怎么能够跟上时代跟上潮流,吸引当代小青年?"而且,京剧所演的内容,多是年代久远的历史故事,在古装剧泛滥的今天,更让很多观众觉得缺乏吸引力。

这就是国粹京剧现在面临的尴尬。它给人的印象似乎是永远在原地踏步。但其实,京剧曾是最贴近现实生活、最大众的艺术;它也是包容性最强,不断创新发展的艺术。如果将它曾经的流行程度比作现在的流行歌曲,那是一点也不为过的。

从萌芽到如今,京剧不过两百多年的历史。应该说,它是众多古代文明中极其年轻的一员。"京剧"这个名词,在清光绪二年(1876年)的《申报》中首次出现。它是多种地方戏曲融会贯通的结果。

对于戏曲,大家知道艺术水平最高的是元朝(这仅指文本水平),它将文学故事、诗词融入普通市民能欣赏的现场表演,以说白为主,辅之以简单的歌唱,来表现故事情节。而且,当时的表演很多还是独角戏。到了明代,在昆山一带的文人中兴起了一种小名"水磨调"的戏曲形式。它委婉清丽,高雅脱俗,因诞生地而得名,唤作"昆曲"。

到了清朝,随着政治逐步稳定,社会经济很快恢复和发展。北京城作为全国的政治、经济、文化中心,有钱有闲阶级云集,众多聚居在京城的八旗子弟生活悠闲。在缺少多样化娱乐手段的时期,戏曲这种很高雅的艺术拔得当时娱乐界的头筹。好大喜功的乾隆皇帝也是个戏迷,皇上的爱好就是最大的动力,于是京城的戏曲市场相当地火爆。乾隆还经常喜欢"微服私访",在工作的同时也不忘旅游休闲。投机钻营的官员和富商寻找到了巴结的机会,自然不肯轻易放过。一位主管两淮盐务的官员家中就蓄养了两个戏班,由盐商出资组建,专供皇帝南巡时用来供奉。徽商江春也自立门户组建了春台班,招聘四方名旦,演出常常投入巨资。如一出《桃花扇》费银16万两,一出《长生殿》费银40余万两。扬州盐商为演出需要,也聘请了一些精于词曲的名家,提供优厚的条件,长期供养他们。

不过,当时上层阶级听戏多限于典雅的昆曲,这种官办、商办的昆曲戏班的排场,使民间草台班难以望其项背,于是很多民间艺人也想着纷纷去京城淘金。各地戏班的进京，对当时盛行的昆曲与京腔（弋阳腔）无疑是种冲击。乾隆四十五年（1780年），秦腔艺人魏长生来到京城，加入当时有名的双庆班，演出秦腔《滚楼》、《背娃进府》等剧。魏长生扮相俊美，嗓音甜润，唱腔委婉，做工细腻，一出《滚楼》轰动京城。双庆班也因此被誉为"京都第一"。自此，秦腔开始走红，其他演员也陆续搭入秦腔班。

这种"搭班"，类似于今天的人才引进。一个戏班往往就是由某一名角儿撑起来的。所以各个班子之间为了竞争，时常相互"挖角儿"。娱乐界喜新厌旧本是常事，一个戏班在唱腔和表演形式上，如果不能适时出新，其结果只能各领风骚三五年。有表演经验的演员"搭班"后，在适应新的唱腔和表演形式时，也会保留原有的优点和特色。所以有名角儿搭班，就相当于这个班子的一次升级；至于戏班是什么门派已经不重要，重要的是能争取到新老观众，获得高"票房"。"搭班"这种短平快的更新，毫无疑问，让戏班竞争实力大增。

就这样，在京城这个最大最好也相对有限的舞台背后，同时上演着一部部梨园子弟和各种戏班的盛衰荣辱史。各种戏班在相互的竞争中，吸收，融合，再吸收，再融合。场面越来越宏大奢华，表演形式和手段越来越丰富多样，演员阵容越来越庞杂。慢慢地，以徽班进京为标志，以西皮、二黄为声腔基础的全新艺术形式——京剧，诞生了。

京剧在清末民初曾经取得辉煌的成就，毋庸置疑地成为当时中国的第一娱乐形式，独领风骚达半个世纪之久。那时，优秀的艺人层出不穷，新颖的流派百花争艳，在表演和剧目创作上更是与时俱进，不断推陈出新。很多

同光十三绝

闪亮的名字至今为人们所怀念，比如：谭鑫培、梅兰芳、程砚秋、马连良、余叔岩、周信芳、杨小楼、盖叫天……

此后，由于战争原因，京剧的发展受到了相当大的阻碍，如日中天的局面终于在不得已下中断了。直到新中国成立，京剧艺术才迎来新的时代。

京剧最近一次成规模的成功创新，是20世纪60年代。那时最著名的是号称"样板戏"的八部"革命现代京剧"。虽然这些戏剧都被深深地打上了时代的烙印，但从艺术角度来讲，它们还是相当出色的作品，如《红灯记》、《智取威虎山》、《沙家浜》等，至今仍留在一代人的心中。

京剧是中国的"国粹"无疑，但在今天，它似乎已经从最初的大众艺术，变成了"阳春白雪"的高雅艺术。这到底是京剧的幸还是不幸呢？

明

清

旗袍情结

清代旗装的领口与衣襟

《花样年华》、《长恨歌》、《情深深雨蒙蒙》、《人间四月天》、《金粉世家》……荧屏上旗袍映衬佳人，演绎了一个个荡气回肠的人生故事。凡涉及近代女子的故事，旗袍就似乎成了表现人物性格、身份的重要元素之一，这是为什么呢？

其实，这个原因不难解释。你看，只要身着旗袍，举手投足间，中国女性的端庄而优雅、温婉而含蓄、沉静又美丽的特有魅力便展露无遗。

有一个故事，说一个年轻的上海女子，虽然标致窈窕，但脾气暴躁，言语粗俗，常常闹得四邻不安。有人就给她的丈夫出了个金点子，让他陪妻子上街买了一块上等衣料，找了一个好裁缝，做成了一件非常精美的旗袍。想不到那少妇穿上旗袍后，居然逐渐变得言辞得体、举止有度了。

可见，那旗袍不仅改变了少妇的外表，还改变了她的心态。

在2008年北京奥运会期间发起的"中国元素"民众投票中，旗袍位居第62位，甚至还有人想将它作为中国的国服。而当你了解了旗袍所走过的历史后，可能会对它的功能，产生更多更深的认识。

旗袍最早起源于我国少数民族满族的袍服。

袍服的由来已久,中华民族以袍为服,早在商代就已形成,一直沿用至明代末年。汉族的袍服是一种宽松舒展的掩体服装,除款式以外,从用料、色彩和绣饰上,都反映出权势等级和地位身价。

满族袍服不同于汉袍,它的款式更适应常年居住在寒冷地区、惯于骑射的民族的生活特点。

圆领,大襟,系扣襻,窄袖再加箭袖(马蹄袖),不收腰,腰中束带。袍身比较适体,宽下摆,四面开衩,方便上下马。箭袖是为射箭方便,放下又可御寒保护手背。冬季在棉袍外往往套一件长到肚脐、左右侧缝与后中缝开衩、对襟的短褂,俗称马褂。也有外套一件马甲(俗称坎肩)的情况。

满族人的首领努尔哈赤在统一女真各部落,建立后金政权后,推行八旗制度,清代满族人基本都编入八旗,有"旗人"之称,故这种满族男女老少四季皆宜的服装被人们称为旗袍,满语称"衣介",分为单、夹、皮、棉四种。女装只是在领口、前襟、袖口等处镶饰花边。

这种"衣皆连裳"(古代上为衣,下为裳)的满族服装与汉族的上衣下裳的两截式衣裳,以及从汉代起就流行的宽衣博袖的袍服有明显区别。

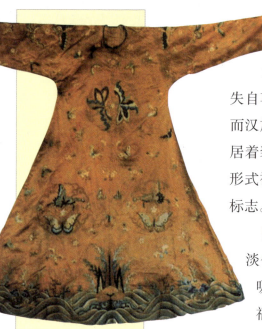

清初彩绣旗袍

马褂

顺治元年（1644年），清军入关，随着政权的初步稳固，开始强制汉人穿着旗人袍，梳满族发髻，以便让汉人丧失自尊、自信，打掉他们骨子里的民族优越感。而汉族传统服饰形制，只被保留在汉族女子家居着装与戏曲、宗教等场合。旗人袍以制度的形式被定为国服，成为满族人取得统治地位的标志。

随着清政权的稳固，服饰的政治色彩慢慢淡化了。民间旗女之袍开始借鉴汉服，衣身吸收了汉服的"宽衣博袖"、装饰纹样（如福、寿、万等吉祥符号），注重从衣饰上体现女性的性别特征、审美情趣、经济地位、个人品位等。这时的女装线条平直硬朗，衣长至脚踝，材料多用绸缎。同时，一些以前多用在马甲（马褂）上的服饰元素，也悄然移植到旗女之袍上。尤其是"元宝领"用得十分普遍，领高盖住腮碰到耳，袍上绣满花纹，领、袖、襟、裾，四周都滚有宽边花条。旗袍就像是汉服裙、袄的一体化。至咸丰、同治年间，旗袍的镶滚达到高峰，以"十八镶"为贵，有的甚至整件衣服全用花边镶滚，以至于几乎难以辨识服装本来的衣料。旗女袍服的装饰之繁琐，几乎到了登峰造极的地步。

不过，此时旗袍已经初具了现代旗袍的雏形，是满汉文化交融的产物。

辛亥革命结束了清王朝，却保留了旗袍。此时，西风东渐，有"万国博览会"之称的上海率先推出了所谓的"改良旗袍"。这些改良旗袍摒弃了繁复的镶滚，大胆借鉴西式裙装的剪裁工艺，收腰省身，打褶垫肩，突出了女性身材的灵动。

此后，旗袍又在领式、纽式的变化，袖身、袍身的长短，开衩的高低上做文章，掀起了一轮又一轮的时装潮流。

红极一时的月份牌时装美女画，大多都是旗袍美女。被誉为"金嗓子"的周璇与阮玲玉、胡蝶等早期影星，宋氏三姐妹等豪门千金，都酷爱旗袍。据说宋美龄个人就珍藏有上千件旗袍，简直可以载入吉尼斯世界纪录。为了筹备孙中山先生的葬礼，民国政府还曾煞费苦心地推出了一套"国家礼服"，其中女子礼服就是旗袍。

"正宗源地"老北京的旗袍，名气最大的得数"双顺便服店"，这个字号至今仍在使用。在"双顺"做旗袍的社会名流非常多，美国前总统里根的夫人南希访华时，就特意请"双顺便服店"的师傅为她量体裁衣，连夜赶制了两件旗袍。为此，"双顺"还被编入了国外的旅游辞典，不少外国游客就是拿着辞典，找到"双顺"来做旗袍的。

民国旗袍，是中国现代服装的肇始，是中国女性意识觉醒，呼唤自由、平等的宣

着旗袍的月份牌美女

影星、歌星周璇

言，自然也就成了时代的弄潮儿。不过，一度被视为国粹的旗袍曾经在很长一段时间里销声匿迹，直到20世纪八九十年代，它特有的悠闲、舒适的淑女格调才再次被人们记起。只是，现在标准的旗袍更多是作为明星、礼仪小姐或服务业从业人员的工作服装，日常生活中的普及率并不是太高。然而，它的剪裁特点与含蓄内敛又不失风情的东方神韵，却早已融入日常服饰的设计中，甚至海外著名的时装设计师也借鉴旗袍挖掘创作灵感。

旗袍是中国女性心目中永不凋零的服饰之花，它的美丽将为全世界所共享。

图书在版编目(CIP)数据

中国文化探秘.明清：从繁盛到颓靡/田兆元主编；
王丹，郝光荣著. —上海：少年儿童出版社，2020.6
ISBN 978-7-5589-0896-5

Ⅰ.①中…　Ⅱ.①田…　②王…　③郝…　Ⅲ.①文化史
—中国—明清时代—通俗读物　Ⅳ.①K203-49

中国版本图书馆CIP数据核字（2020）第080311号

中国文化探秘·明清
从繁盛到颓靡
田兆元 主编
王　丹　郝光荣 著
赵晓音 装帧

责任编辑　马淑艳　美术编辑　赵晓音
责任校对　陶立新　技术编辑　谢立凡

出版发行 少年儿童出版社
地址 200052　上海延安西路1538号
易文网 www.ewen.co　少儿网 www.jcph.com
电子邮件 postmaster @ jcph.com

印刷 苏州市越洋印刷有限公司
开本 720×980　1/16　印张 11.5　字数 153千字
2020年6月第1版第1次印刷
ISBN 978-7-5589-0896-5/K·278
定价 38.00元